親の介護には親のお金を使おう！

——あなたを救う7つの新ルール——

太田差惠子

集英社

はじめに

「親の介護費用、どこまでかかるの？」

「医療費、介護費、何とか安くする方法はないの？」

これまで、こうした子世代の声を何度聞いたことでしょう。他にも……。

「親が突然倒れてしまって、親のお金がどの銀行にあるのかも分からない……」

「親の介護が始まりお金がかかるというのに、親に借金があるようだ」

「これ以上介護サービスを使うのは家計的にムリ。仕事を辞めて自分で全部するしかない」

「親が入居した施設の費用を支払ってきたけれど、まさかこれほど長期化するとは。もう経済的に払えない」

親の介護費用にまつわる、こうした悲鳴に近い声は、枚挙に暇《いとま》がありません。あなたも、何がしかの不安や悩みがあって本書を手にしてくださったのではないでしょうか。

私は、介護の現場の取材を始めて25年ほどになります。その間、離れて暮らす親を介護する子世代への情報支援を行うＮＰＯ法人を立ち上げ、その活動もしてきました。大勢の子世代の声を聞き、２００６年にファイナンシャルプランナー（ＡＦＰ：日本ＦＰ協会認定）の資格も取得。

そして、親の介護費用に関わる悩みを深めている大きな要因は次の３つだと考えるようになりました。

① どのお金（誰のお金）で介護するか、計画していない
② どんなお金がかかるかを知らない
③ 介護費用を軽減するさまざまな情報や制度を知らない

こうした３つの「ない」で進めば、うまくいかないのは当たり前。しかも、医療の進歩もあり、親の介護期間は長くなりがちで、10年、20年続くことも珍しくありません。親が１００歳になれば、子も70歳代です。

①の「どのお金（誰のお金）」は、ルール２・３をお読みください。②の「どんなお金」は、ルール４・５・６を読んでいただければ分かるようにまとめています。

そして③の「費用を軽減する情報や制度」は、ルール１と7を（可能な限り

分かりやすく書いたつもりですが、制度の話はそれでも難しいです。集中して読んでみてください)。

目次を見ていただき、あなたにとって必要なページから読み進めてください。まだ介護が始まっていない方や、具体的な悩みが生じていない方は、ルール2から読み、最後にルール1に戻っていただくと理解しやすいと思います。全体を読んでいただくと、お金のことはもちろん、親の介護において子が行うことの全体像を把握していただけるように構成しています。

原則、親の介護には親のお金を使いましょう。そのためにも、親の懐《ふところ》事情をしっかり確認してください。さらに、さまざまな制度についての情報収集が不可欠です。結果、負担額が大きく変わる可能性もあります。

皆さまの悩みの軽減となり、損しているお金があれば取り戻す一助となれば幸いです。

太田差恵子

＊本書で出てくる数字は、２０１８年3月現在で知り得た最新のものを採用しています。

―あなたを救う7つの新ルール―

contents

ルール4…同時にかかる医療費のあれこれを知る……071

ルール5…介護制度の基礎をおさえる！……089

巻末資料

登場人物紹介
長男：一郎(49)
東京在住の
会社員
娘は独立し
妻と二人暮らし
母親(80)
長崎県の実家で
一人暮らし
一郎の妻(48)
現実的な
しっかり者
職場の先輩(50)
良き相談役

ルール1…お金を払いすぎない！

★臨時福祉給付金
★住民税納税通知書
★扶養親族等申告書
★確定申告不要制度
★寡婦控除
★障害者控除
★おむつ使用証明書
★特別障害者手当
★限度額適用・標準負担額減額認定証
★高額介護サービス費
★生計困窮者等に対する負担軽減事業
★高額介護合算療養費

長崎（実家）
お袋ー 住民税って 払ってる？
なんだい？ 急に
友人に 聞いたんだけど
もしお袋に 介護が必要に なったときに
住民税が 非課税だと
費用負担が 軽いらしい んだよ
そりゃ 私は勤めてたし 払ってるよ
ほら
ホントだ 払ってるね
……あれ？ こっちの 書類は何？

扶養親族等申告書
私には関係ないから出してないわ
平成○○年分　公的
基礎年金番号
受給者
受給者指名
住所
電話番号
…これ本当に出さなくていいのかなぁ
ピッ ピッ
一応年金ダイヤルで確認するか
P016へ!!
一人暮らしの母に扶養家族っていないんですが……
他の控除ができる？
寡婦？はい はい…なるほど
P018へ!!
お袋！
扶養親族等申告書！出さなきゃいけないみたいだよ
それにもしかすると住民税非課税になるかも！

1 親は課税世帯？ 非課税世帯？

年金155万円以下（年）なら非課税

親の介護にかかる費用についてあれこれ考える際、まず確認したいことがあります。それは、親は住民税を払っているか、払っていないか。

その前に、簡単に、税金について押さえておきましょう。税金といえば、税務署に納める所得税が頭に浮かぶと思います。国税ですね。それに対して、区市町村の役所に納める住民税があります。

医療費・介護費に影響を及ぼすのは、後者の「住民税」です。親世代は、原則、この住民税、所得税、介護保険料を（75歳以上は後期高齢者医療保険料も）、年金から天引きされています。

世帯に所属する全員が、住民税を払わなくてよい世帯を「非課税世帯」と呼びます。「低所得」ということで、**免除されたり、軽減されたりする公的な支払いが多数**あります。消費税増税の負担を軽減するためにお金が配られた「臨時福祉給付金」の対象も非課税世帯（他条件あり）です。

では、年金収入のみの親の住民税が非課税となるラインは、どのようになっているのでしょう。

年金は雑所得となり、通常、左の通り、65歳以上の親が1人で暮らしている場合、**年収155万円以下なら非課税です。月にすると12万9000円ほど。**国民年金のみ受給の親はもちろん、厚生年金を受給していても勤続年数が短いケース等では当てはまることが多いでしょう。

親が住民税を課税されている場合は、毎年、「住民税納税通知書」が送られてきます。課税の有無が良く分からない場合は、役所の個人住民税担当課へ行けば、本人確認の上、教えてもらえます。また、年収155万円以上でも非課税となることもあるので要確認！（P018）

年金所得にかかる税金は2種

非課税の場合、医療や介護費用が大幅に軽減される！

所得税

国に納税

住民税

区市町村役所に納税

住民税が課税される？　されない？

65歳以上の一人暮らしの親の場合：
年金収入のみで年155万円以下は非課税

★親が受給する国民年金、厚生年金➡課税（雑所得）

ただし、もともと税金のかからない年金もある

★配偶者死亡で受給する遺族年金➡いくらもらっても非課税

★障害を負ったことにより受ける障害年金➡いくらもらっても非課税

POINT

遺族年金が高額のために年金収入が155万円を超えている場合は非課税

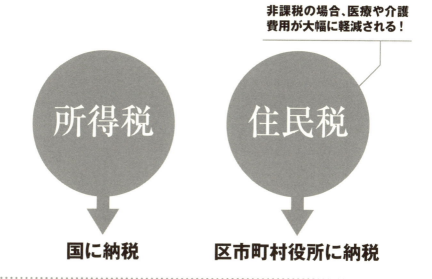

2 「扶養親族等申告書」未提出で年金額が減る?

翌1年間の税額を決めるための書類

親の多くが、公的年金収入を得ています。年金は「**雑所得**」なので、前のページで説明した通り、一定金額以上を受給すると課税されます(「一定金額」とは、誰しも税金のかからない35万円に年金控除120万円を足した155万円)。

納税方法は、原則、**天引き**です。つまり**源泉徴収**されるのですが、その際には、**各種の控除**(一定の金額を差し引く)を受けることができます。

65歳以上で年金から源泉徴収されている親(税金を支払う親)のところには、毎年、日本年金機構から控除額算出のための、「**扶養親族等申告書**」が送られてきます。会社の年末調整と似たものだと理解してください。翌1年間の税額を決める大切な書類です。

送られてきたら返送必須

名称から、「扶養親族がいない場合は提出不要?」と、考えがちですがそれは誤りです。扶養親族以外の情報を記入する欄もあります。

もし、課税されるにもかかわらず、**提出しないと税金の計算式が異なり損**をします(P013のマンガ)。2017年は、様式の大幅変更等の影響で未提出や受給者の記入ミスが続出。日本年金機構の失態も重なり、朝日新聞の報道によると、**約130万人が過少支給**だったそうです。

提出期限が過ぎた場合は、確定申告をすることで損した分を取り戻すことができますが、提出した方がスムーズです。親に、提出を怠っていないか確認しましょう。尚、確定申告は5年前までさかのぼって申告できるので、不明点は役所の税務担当課や税務署で相談しましょう。

出典 「年金、130万人以上に過少支給　所得税控除されず」(朝日新聞, 2018.3.3)

扶養親族等申告書は超大事！

平成30年分 公的年金等の受給者の扶養親族等申告書　30-B

	基礎年金番号	年金コード
受給者		

提出年月日	平成　年　月　日

A 受給者氏名		印	生年月日	1明 3大 5昭 7平　年　月　日	性別	1. 男 2. 女
住所	〒					
電話番号		①本人障害		1. 普通障害　2. 特別障害（該当する場合は摘要欄に記入が必要です。）		
個人番号（マイナンバー）		②寡婦・寡夫		1. 寡婦（受給者が女性）　2. 特別寡婦（受給者が女性）　3. 寡夫（受給者が男性）		

詳細は次ページ

申告書の一部抜粋。詳細は、日本年金機構のサイトで確認できる！

出典：日本年金機構

「扶養親族等申告書」で申告できる控除

☆配偶者控除

☆扶養控除

☆寡婦控除、寡夫控除（次ページ参照！）

☆障害者控除（次ページ参照！）

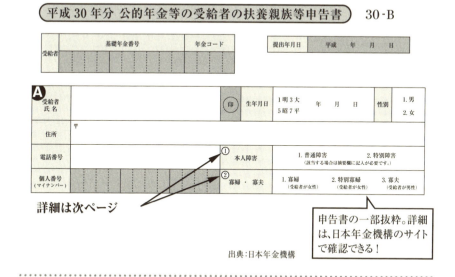

3 見逃すな、「寡婦控除」と「障害者控除」

配偶者を亡くした母親は「寡婦（かふ）」

　高齢者の負担を軽減するために、「**確定申告不要制度**」が設けられています。年間400万円以上の収入があるケース、年金以外の所得が20万円以上ある等のケースを除き、多くの高齢者が確定申告を行う義務はありません。実際、確定申告をしている親は、それほど多くないでしょう。

　しかし、税金には、さまざまな控除があります。特に、親が見逃しがちな控除に「**寡婦控除**」と「**障害者控除**」があります。しかも、税法上の「寡婦・寡夫」や「障害者」になれば、税金が安くなるだけでなく、**税金がかからない枠が125万円にアップ**（巻末P153）。結果、非課税となるのは寡婦や障害者であれば、年収245万円以下となります。月20万円の年金を受給している親でも非課税となり、医療費や介護費の負担が軽くなります。元気な親でも、介護保険料が安くなります。

　実は日本年金機構と税務署（国税）、役所（住民税）では住民のデータを共有しています。確定申告をしないなら「**扶養親族等申告書**」（P016）の提出必須です。「寡婦」とか、「障害者」とか、「自分とは関係ない」とチェックしないと……、本来なら非課税なのに、**税負担のみならず、医療・介護にかかるさまざまな支払額が高くなっている可能性**があります。聞き慣れない言葉ですが、「寡婦」「障害者」は、意外と身近です。

必要に応じ年収400万円未満でも確定申告

「扶養親族等申告書」では反映されない控除もあります。例えば、医療費控除（P021）や生命保険料控除。必要とあれば、**確定申告**をしましょう。インターネットでもできますし、分からないことは税務署で相談すれば教えてくれます。

寡婦(夫)・障害者は非課税枠が広い

「寡夫」の場合は、妻と死別し生計を一にする子がいる等の条件がある。男性には厳しい控除

寡婦
➡配偶者(あなたにとっての父親)と死別した母親(所得500万円以下/年)

障害者
➡手帳がなくても介護認定で該当する場合も(P022参照)

★**税金が安くなる(寡婦控除、障害者控除)**
★非課税となる枠が広くなる。年収245万円以下なら非課税(通常は公的年金収入155万円以下/年)➡医療・介護の費用が安くなる

このようなときには確定申告を

☆**一定額以上の医療費(おむつ代含む)を支払ったとき**
〈医療費控除〉

☆**介護保険施設に入居したとき**
〈医療費控除〉

☆**災害や盗難にあったとき**
〈雑損控除〉

☆**自宅をバリアフリー改修したとき**
〈住宅特定改修特別税額控除〉

等

POINT
確定申告をした場合は、税務署が市区町村に申告内容を通知するため、住民税の申告は不要

4 おむつ代を取り戻す方法

自治体の給付や助成サービスをチェック

親が要介護になると、おむつ代の高さに驚くことがあります。現在は使っていなくても、将来的に使うことになるかもしれません。在宅であれば、ドラッグストア等で安く購入できますが、入院したり、施設入居したりすると持ち込めないケースもあります。高いところだと、廃棄処理料を含め**1日1500円**なんてところも。

その費用を取り戻す方法として確認したいのは、親の住民票のある自治体で給付や助成をしていないか。自治体によって対象者も金額も給付方法も異なりますが、地域包括支援センター（P092）や役所に聞けば教えてくれます。役所のホームページを見れば確認できることもあります。

大きく分けると**現物給付として紙おむつを支給**する自治体と、**紙おむつの購入費の一部を補助**する自治体があります。どちらも実施していない自治体もあります。

対象となる介護場所も異なり、在宅の場合のみ支給する自治体がある一方、入院中や施設入居中も支給する自治体があります。購入費の補助では、**月額5000円～1万円**くらいが一般的です。

「親は施設に入居中。おむつ代が高額。住民票のある親の地元の自治体ではおむつ補助はないので、おむつ補助のある私の家に住民票を移しました」という人もいました。他に不都合がないか検討する必要はありますが、1つの方法です。

支給要件の1つを「住民税非課税世帯」として いる自治体もあります。

「医療費控除」の対象となる場合も

もう1つ、覚えておきたいのは、**確定申告で医療費控除**の1つとして申告する方法です。6か月

おむつ代を医療費控除する方法

対象

6か月以上寝たきりで、医師が「この患者はおむつが必要」と認めている

《確定申告に必要なもの》

1 おむつ代の領収書
（患者の氏名及び大人用のおむつ代であることを明記）

2 おむつ使用証明書（かかりつけの医師に記載してもらう）

POINT
2年目からは、一定の条件を満たせば、自治体に申告することで「おむつ代の医療費控除確認書」の交付を受けられる

以上にわたり寝たきりで、医師の治療を受けている人のおむつ代は対象となります。

かかりつけの医師に「**おむつ使用証明書**」を記載してもらう必要がある等少々面倒ですが、2年目からは役所で「おむつ代の医療費控除確認書」を交付してもらうことができます。

おむつ代だけでなく、**医療費控除の対象となるものは多岐**にわたります。介護保険（P092）の利用でも、訪問看護や訪問リハビリテーションの費用は対象に。老人保健施設に入居した場合は自己負担額及び居住費・食費の合計額、特別養護老人ホームでは自己負担額及び居住費・食費の合計額の½に相当する額が対象。居住費や食費も対象となるのは嬉しいポイントです。また、在宅であれ、施設であれ、入院や通院にかかったタクシー料金等も対象となります。領収書を廃棄しないように注意しましょう。

すでに述べた通り確定申告は5年前までさかのぼれるので、申告を失念していたケースでも、5年以内に行えば還付金として取り戻せます。

5 介護保険の認定で障害者控除できる！

「要介護1」なら「障害者控除」できる自治体も

「障害者控除」とは、障害者手帳を持っている人だけに関わりがあるものと考えがちです。しかし、介護認定を受けている親、またはその親を扶養している子供等に納税者がいる場合、左の控除を受けられる可能性があります。対象となる基準は自治体ごとに違いますが、該当すれば5年前までさかのぼり返金されます。

役所の介護保険課に相談し、該当すれば、「**障害者控除対象者認定書**」の交付を受けます。交付の目安は、要介護4、5であれば認められることが多いでしょう（左の通り、要介護1から全員対象となる自治体も）。交付されたら、P017の「**扶養親族等申告書」の本人障害欄に○《マル》を付けます**。「障害者控除」の対象なら、年間年金245万円まで非課税になります。

申請で手帳発行されるケースあり

親の状況によっては、「**障害者手帳**」の申請もできます。認知症の場合には、「**精神障害者保健福祉手帳**」の交付を受けられるケースも。ただ、高齢者の場合、介護保険にもあるサービス（例えばホームヘルプサービス）は介護保険の方を優先して利用することになるため、利用できる障害者向けサービスは限定されます。役所でサービス内容を確認して、メリットがあれば申請するといいでしょう。**タクシーやマッサージ利用の補助**を受けられるところは多いです。

寝たきりで、さらに重度の認知症がある等障害が重複するような場合は、「**特別障害者手当**」を受給できる可能性もあります。施設入居は対象外等の諸条件はありますが、月額2万6810円（平成29年4月現在）です。

障害者控除の額は大きい

特別障害者控除額

…………………住民税:30万円

(同居の場合:同居特別障害者:53万円)

障害者控除額

…………………住民税:26万円

POINT

所得税の特別障害者控除額は40万円(同居の場合75万円)、障害者控除額は27万円

障害者控除の「認定書」発行の目安例

埼玉県川越市の場合 ※満65歳以上で、身体障害者手帳等を持っていない方

★特別障害者控除対象者認定書

☆要介護4・5の方
☆要介護1から要介護3で、一定の要件を満たす方

発行要件は自治体によって異なるので、役所の介護保険課に確認が必要

★障害者控除対象者認定書

☆要介護1から要介護3で、上記以外の方

POINT

要介護1から、障害者控除対象者認定書が発行される自治体もある

6 同居でも世帯を分けると負担軽減？

現役の子と同世帯だと非課税にならない

Ｐ０１４で述べた通り、親の医療費や介護費には住民税の課税・非課税が影響します。**「低所得」だと負担は軽くなり、「高所得」だと重く**なります。

親が一人暮らし、二人暮らしで年金暮らしであれば「低所得」に分類されるケースが少なくありません。しかし、住民税を支払っている子供が同居して親と同世帯になっていると……。親は、**「課税世帯」の一員**となり、親の収入が、わずかでも、医療費や介護費の負担は軽減されません。

「世帯分離」手続きを行う

では、どうすればいいのか。

同居していても、生計（生活費のサイフ）が別であれば、親と子供を別世帯にできるケースがあります。役所の窓口で「**住民異動届**」の手続きをして住民票を分けるのです。

住民票上の現在の世帯から世帯の一部を分離します。通常、同じ屋根の下に暮らし、しかも生計が一緒だと世帯は1つです。しかし、その判断はあいまいで、役所の窓口によって、対応は異なります。「介護費用を安くしたいから世帯を分けたい」等と窓口で言えば、**門前払い**となるでしょう。インターネット等でも、裏技的に紹介されているので、認めない役所もあるようです。

尚、よく「世帯を別にすると、扶養家族にできなくなるのでは？」と聞かれます。**「世帯」と「扶養」は別の話**です（詳細はＰ０２６で説明）。一方、介護保険施設に入居するために、親の住所を施設に移すことがあります。**親は単独世帯となり、条件に該当すれば「居住費」「食費」の軽減制度**（Ｐ１１６）を使え、扶養の継続も可能です。

同居でも世帯を分けられるケースも

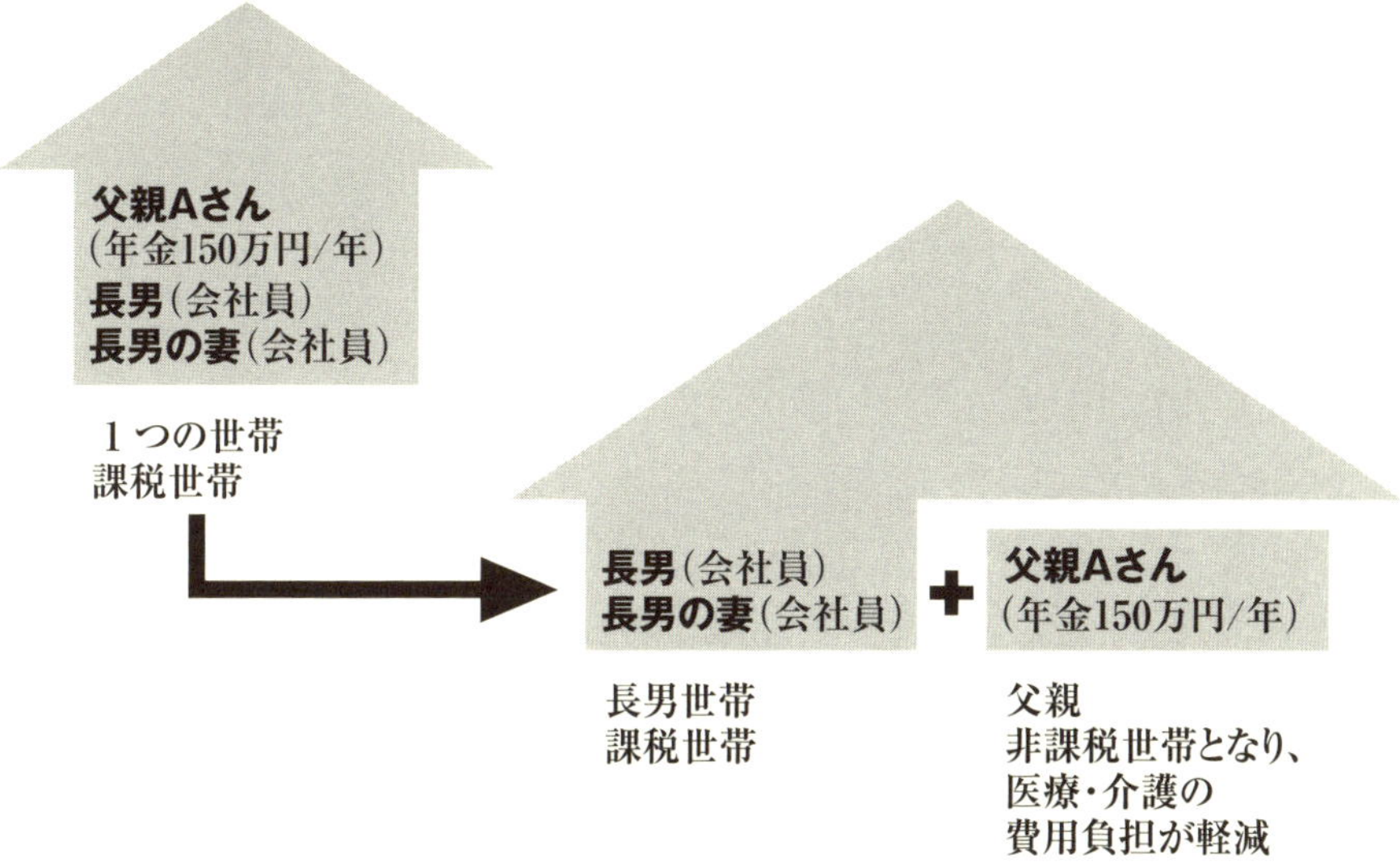

もっと大変な場合は、別居も選択肢に

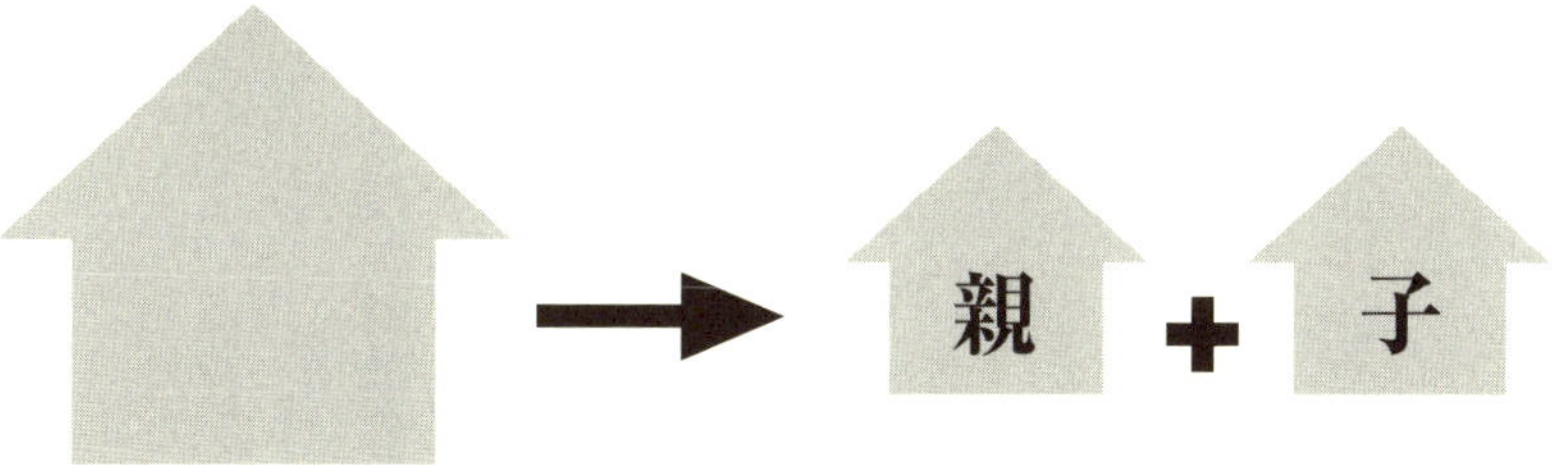

サービスを利用するお金がなくて、
子供が離職して自分でみようとするケースでは……
あえて親子別居するのも一案。
親だけの世帯となれば、生活保護を受けられる可能性が。
親子の共倒れを防ぐことは不可欠（P140）

7 親を「扶養家族」にするときの注意点

「老人扶養控除」を利用

親の所得が一定額以下の場合、**子供の扶養家族**にすることができます。何が得になるか？　税金が安くなります。

同居の場合はもちろん、**別居の場合**も、扶養することは可能です。所得税の控除額は、同居の親は58万円、別居の親は48万円となっています。

対象となる親の条件は70歳以上で、収入が公的年金のみであれば年間158万円以下（**所得38万円以下**）で、他の誰かの控除対象となっていないこと。複数のきょうだいで親を経済的に支援しているケースでも、扶養にできるのは1人だけです。

別居の場合も、生活費を仕送りしているケースなら対象となります。**配偶者の親でもOK**です。念のため、送金を証明できる通帳の写し等を残しておくといいでしょう。

そして、扶養している親が障害者の場合は、さらに控除額が増えます。障害者手帳を取得していなくても、「**障害者控除対象者認定書**」（P022）を取得していれば対象となります。また、特別障害者となれば控除の額は大きくなります。病気やケガで長期入院している場合も、同居に該当します（老人ホームに入居した場合は、同居には該当しません）。

前ページとの関係ですが、もともと世帯の異なる親を扶養することに問題は生じませんが、扶養している同居の親を世帯分離することは難しいと思います。「扶養している＝生計は同じ」ということなので、説明がつきにくいと言えるでしょう。

74歳までなら子の健康保険の「扶養」にも

「扶養」という考え方は、税法上の扶養のほか、「**健康保険**」にもあります。同じ言葉ですが、別

親を扶養にした場合の控除額

★老人扶養控除

同居の親	所得税…58万円	住民税…45万円
別居の親	所得税…48万円	住民税…38万円

★障害者控除

同居の親	所得税…27万円	住民税…26万円
別居の親	所得税…27万円	住民税…26万円

★特別障害者控除

同居の親	所得税…75万円	住民税…53万円
別居の親	所得税…40万円	住民税…30万円

POINT

親が老人ホームに入居の場合も、条件を満たせば「別居の親」として扶養できる

物なので、混同しないようにしてください。

74歳までの親で年収が180万円未満等の条件を満たせば、子の健康保険の扶養にできる場合があります。詳細は加入している健康保険組合によって異なるので、問い合わせましょう。自分の親であれば、別居していても対象となります（配偶者の親は同居のみ対象）。

親は健康保険料を支払わなくてもよい、というメリットがあります。しかし、次のページで説明する高額療養費は加入者本人の所得によって決まります。もし、子が親を健康保険の扶養にした場合、**親の医療費負担の上限は子の所得に応じた額に。親が自身で健康保険に加入しているケースよりも高く**なる可能性があるので注意が必要です。

75歳になると、全員が後期高齢者医療保険に加入するので、健康保険の扶養からは自動的に外れます。それまで健康保険料を支払っていなかった親も支払いが生じ、生涯、払い続けることになります。

8 医療費を払いすぎない方法

支払いは所得に応じた限度額まで

医療費、及び入院中の食事代は、左表の通り、自己負担限度額が設定されています。

原則、70歳以上の親は「高齢受給者証」または「後期高齢者医療保険証」（P078）を提示するだけで、**限度額までの支払い**となります。しかし、住民税非課税世帯の被保険者の自己負担限度額は「一般」よりも低く設定されています。そこで、あらかじめ、「**限度額適用・標準負担額減額認定証**」を入手して、支払い時に医療機関等に提示しましょう。その月に支払う額は設定された範囲までとなります。

非課税世帯なら、入院中の食事代も減額されます。本来1食460円が、210円もしくは100円になるのは、大きな負担軽減です。

認定証の申請窓口は役所の後期高齢者医療保険の担当となります。P018で説明した「寡婦控除」や「障害者控除」を見落としていないか再チェックを。住民税が非課税と課税の親では、負担は左表の通りこんなに大きく違ってきます。

特に、入院前には再確認を

ときどき聞くのは、親と同居している子供が、「医療費の負担が厳しい」と病院の医療相談窓口に訴えたところ、「**世帯分離**を勧められた」という声です（P024）。結果、親が非課税となれば、医療費や食費負担が軽減されます。

現役の子と同世帯だと、入院時の負担は5万7600円/月ですが、親が非課税でしかも年収80万以下なら1万5000円/月になります。

払いすぎは高額療養費制度で取り戻す

1つの医療機関の窓口で限度額までの支払いと

70歳以上の親の医療費負担上限額

区分	ひと月の上限(世帯ごと)	入院時の食事代(1食)
一般 (年収156万〜約370万円)	**57,600円** 外来：個人ごと14,000円 (年間上限　144,000円)	**460円**
Ⅱ 住民税非課税世帯 (下記Ⅰ以外)	**24,600円** 外来：個人ごと8,000円	**210円**
Ⅰ 住民税非課税世帯 (年金収入80万円以下など)	**15,000円** 外来：個人ごと8,000円	**100円**

年収がもっと多い「現役並み」の親の医療費上限額はさらに大きくなる。詳細は、役所で確認を

※生活保護受給の場合はさらに負担は軽くなります

POINT **同じ月の別の医療機関等での自己負担額を合算して上限額を超える場合も、高額療養費の支給対象に**

なっても、別の医療機関にかかれば、限度額まで支払いが生じます。医療費を払いすぎることに。

同じ月に医療機関に支払った**医療費の負担金を合算**して、自己負担限度額を超えた分については**払い戻し**を受けられる**高額療養費制度**がありま す。複数の病院・診療所・調剤薬局等を受診した場合や、両親が同じ医療保険に加入し、それぞれ医療費を支払った場合等は、**自己負担額を合算**できます（70歳未満の場合は2万1000円を超えたときしか合算できませんが、70歳以上は自己負担額をすべて合算可）。対象となると3〜4か月後に申請の案内が届きます。初回登録すると、次回からは自動的に返金されます。

また、例えば所得が「一般」の80歳の親が4月後半に入院し、4月に5万円、5月に5万円の治療費が生じると、高額療養費の対象となりません。もし、**5月初めからの治療で5月に10万円の支払いなら対象**に。病気によっては入院日の希望を聞かれることがあるので、可能な場合は、お金のかかる医療行為は**同じ月に収めたい**ものです。

9 払いすぎた介護費を取り戻そう

介護費の支払いは上限額まで

介護保険については、ルール5で詳しく述べますが、サービスを利用する場合に支払う金額は、所得に応じて、月々の上限額が設定されています。1か月の利用者の支払いが負担上限額を超えた場合には、**超えた分が戻ってくる**ので、過度な心配は無用です。**「高額介護サービス費」の支給制度**があります。

と、文章で読んでも理解しにくいですね。事例で説明しましょう。

【一人暮らしのAさん／要介護5】

●月々35万円分の介護保険サービスを利用。
●収入は、国民年金のみで月額6万円。

6万円の収入しかないのに、1割負担で3万5000円の介護費がかかると生活がまわらなくなります。そのようなことにならないよう、所得に応じて負担上限額が決まっています。

Aさんの年収は6万円×12か月で72万円。左表の下段（一人暮らしなので「個人ごと」）に当たり、月々の負担上限額は1万5000円です。毎月、差額2万円が戻ってくることになります。**初めて負担上限額を超えた場合に、申請書**が送られてくるので申請をします。2回目からは、申請をしなくても登録した口座に振り込まれます。

ただし、次のものは高額介護サービス費の支給対象とはならないので注意しましょう。

・福祉用具購入費の利用者負担分
・住宅改修費の利用者負担分
・施設サービス等の食費・居住費等介護保険給付対象外のサービス利用者負担分
・居宅サービスの利用限度額を超える利用者負担分

介護保険の利用料負担上限額

区分	ひと月の上限(世帯ごと)
一般・現役並み (年収156万円～)	**44,400円** ＊利用者負担割合が1割の世帯は年間上限446,400円(平成29年8月から3年間限定)
Ⅱ 住民税非課税世帯 (下記Ⅰ以外)	**24,600円**
Ⅰ 住民税非課税世帯 (年金収入80万円以下など)	**24,600円** 個人ごと:15,000円

※生活保護受給の場合はさらに負担は軽くなります

POINT 福祉用具購入費や住宅改修費の利用者負担分はこの上限には含まれないので要注意！

介護サービス費の¼を軽減する制度も

自治体によっては「**生計困窮者等に対する負担軽減事業**」を行っています。介護保険サービスを利用する人のうち、所得が低く、生計が苦しい人の利用者負担額（サービス費の１割負担や食費負担等）の一部を助成し、負担を軽減することで、サービスの利用を促進する事業です。

生活困窮者といっても、例えば東京都の場合は、１人世帯で年収１５０万円以下（預貯金３５０万円以下）、２人世帯で年収２００万円以下（預貯金４５０万円以下）等となっており、非課税世帯の親なら当てはまるケースも少なくないと思います。

申請し、この事業に参画している事業者のサービスを利用すると、**¼が軽減**されます。対象となりそうな場合は、役所や地域包括支援センター（Ｐ０９２）に問い合わせてみましょう。

10 医療費と介護費は1年分合算して上限額まで

「高額介護合算療養費」をチェック

高齢の親は、介護費に加え医療費もかかるケースが多くなります。負担を軽減するために、毎年8月1日から翌年7月31日までの1年間の**医療保険と介護保険の自己負担を合算した額**の上限額が決まっています。超えた場合は、申請により戻ってきます。「**高額介護合算療養費**」という制度です。

例えば、P030で紹介したAさんの介護費は1万5000円×12か月で年間18万円の支払いとなります。医療費も毎月8000円支払っているとしましょう。8000円×12か月で9万6000円ですね。18万円と合算すると27万6000円。でも、左表の通りAさんの限度額は19万円なので、8万6000円が戻ってくることになります。

父親の介護費と母親の医療費も合算できる

両親が、共に後期高齢者医療保険に加入しているなど、**同じ健康保険**に加入していれば、**合算**できます。父親は介護費が高額になり、母親は医療費がかかったような場合、対象となります。

対象になると、通常、申請のお知らせが届きます。**非課税世帯で介護費・医療費の合計が毎月1万6000円以上**となっている人は、該当するかもしれないので親の家に役所からお知らせが届いていないか確認しましょう。また、「**一般**」世帯の親の場合も、医療と介護の合算上限額は56万円です。**ひと月当たり4万7000円**ほどですね。これ以上かかっていると思われるなら、申請して取り戻しましょう。ただし、合算して上限額を超えても医療保険・介護保険のいずれかの自己負担額が世帯全体で0円の場合は支給されません。

医療費と介護費を合算した上限額

区分	1年間の上限（世帯ごと）
一般 （年収156万〜約370万円）	**56万円**
Ⅱ 住民税非課税世帯 （下記Ⅰ以外）	**31万円**
Ⅰ 住民税非課税世帯 （年金収入80万円以下など）	**19万円** 介護サービス利用者が世帯に複数いる場合は31万円

年収がもっと多い「現役並み」の親の上限額はさらに大きくなる。詳細は、役所で確認を

※生活保護受給の場合はさらに負担は軽くなります

POINT 申請書が届いたら申請を行う

いくら戻る？ 事例で計算

父親（85歳）と母親（80歳）が二人暮らし

住民税非課税世帯
2017年8月から2018年7月までの12か月の自己負担は……

父親

★医療保険の自己負担額……7万円①
★介護保険の自己負担額……25万円②

母親

★医療保険の自己負担額……6万円③
★介護保険の自己負担額……0万円④

世帯の自己負担合計＝①＋②＋③＋④＝38万円

戻ってくる金額 世帯自己負担合計38万円 − 限度額31万円 ＝ 7万円

POINT 合算して上限額を超えても、医療費か介護費のどちらかが世帯全体で0円だと対象にならない

コラム1

役所の窓口がベテラン揃いとは限らない

ルール1を読み、医療や介護に関わる費用の負担額は、「年金」や「税金」と密接に関連していることを理解いただけたと思います。

役所の悪口を言いたいわけではありませんが、通常担当窓口は見事なほど縦割りです……。税金の窓口で説明を聞き、そして、その関連の介護保険のことを聞くと「窓口は○○になりますので、そちらへ」といわれます。気を取り直して、いわれた窓口に行って説明を聞きますが、税金の関連になると、また「窓口は△△へ」と逆戻り。

しかも、税金にしろ、介護保険にしろ、「どうして、こんなに難しい言葉？」と嘆きたくなるほど、聞き慣れない言葉のオンパレード（だったでしょう）。本書でも触れた「寡婦（かふ）」という言葉、「初めて聞いた」という人も多かったと思います。対象者は大勢いるというのに……。

案の定、ある役所の住民税の窓口で、「『寡婦』って、皆、申告されているんですか？」と尋ねると、「知ってる方は申告されていますが、知らない方は……」との返事。

また、別の役所の介護保険の担当窓口で「障害者手帳を申請したいのですが」と問うと、こともあろうに「65歳を過ぎた方は、手帳の申請はできません」といわれました。ウソばっかり！

役所の窓口で知識の乏しい職員に当たってしまうこともあります。こちらが少しは勉強していないと、聞きたい情報にたどりつけません。

相談や申請に行く際は、本書を参考に聞きたいことをメモしたうえ、時間のゆとりを持って出かけることをお勧めします。

ルール2…介護には親本人のお金を使う

★ダブルケア
★預貯金を引き出すのに必要な委任状
★代理人キャッシュカード
★介護割引運賃
★家族介護慰労金
★「生前贈与」と「預かり金」
★介護関連保険

お袋が
骨折をした
退院後
生活に支障を
きたしそう
だったので
介護保険を
申請し
サービスを
利用することに
なった
オレ
東京で仕事があるし
なかなかそっちに
行けないから
せめて
介護サービスの
お金は払うよ
東京
助かるわ
ありがとうね
長崎
お袋は
介護保険で
週3回
介護サービスを
利用
月火水木金
それと毎日
お弁当の
サービスも
利用した

少し負担が大きいがお袋の様子を確認するために月に一度帰省することにもした
1年後
あなた介護に使ったお金なんだけど
東京
1年で80万円くらい使ってるわ
このままじゃうちの家計が破綻《はたん》するわ
お義母さんのための介護なんだから
お義母さんのお金で介護するべきよ
P038へ!!

1 介護費用に親本人のお金を使う理由は？

「親のため」だから、「親のお金」を使う！

介護という行為は、子が担うことが多く、親は受け身となりがちです。そのせいか、そこにかかる費用も子供が負担して然るべき、と考えている人は少なくありません。

「将来、莫大な介護費用を負担することになるのでは……」と、不安を抱く若い世代も大勢います。

けれども、介護の目的を考えれば、それは不自然な論理であることが分かります。**介護の目的**は、あくまで支援や介護を要することになった**「親」のため**。できるだけ親が自立した快適な生活を送れるように応援することです。親のお金をあてるのが、筋だといえるでしょう。

なかには、介護費用を負担しないことに対して、「親に対して申し訳ない」と罪悪感を抱いている子供もいますが、**罪の意識を感じるのはやめましょう**。

疑問が「不満」に変わる前に話し合う

お金のことは、**最初が肝心**です。

親が倒れると、医療費、介護サービス費、介護用品代等のさまざまな支払いが生じることになります。例えば、退院手続きを子供が行うことが多いと思います。その際、「これくらいは」と、子供のサイフからお金を出すこともあるでしょう。

しかし、1回、2回であれば良くても、回数を重ねるに従い、「**あれっ、どうして自分が払うのだろう？**」と疑問がわいてきます。きょうだいがいるのに、自分だけが払っているような場合はなおさらです。やがて、疑問は不満に変わっていきます。

結婚している場合、配偶者がその親の入院費用や介護費用をどんどん負担すると、「なぜ……？

介護の目的は？　かかる費用は？

介護の目的

親が自立した快適な生活を送れるように応援すること！

↓

だから

介護にかかる費用は親本人のお金を使う！

POINT　子供は負担しないことに罪悪感を持たなくてもよい

私の親の介護費用は負担していないのに」と、**モヤモヤしてくる**こともあります。

誰にとっても「お金」は、サイフから出ていかないにこしたことはありません。子供が出せば、親も、それに甘えることもあるでしょう。きょうだいも、同じです。

「いつも、ありがとう」とお礼でもいわれようものなら、「もう出したくない」とはいい出しにくくなります。**「この子が、出すのが当然」というう家族間でのルールになったら大変**です。実際、介護が始まった当初、金銭負担をしていたある男性は、1年が経過し、「これ以上は、負担できない」といったところ、親から「おまえは、冷たくなった」と泣かれたそうです。

不満が積もると、いつか親やきょうだいに対して、爆発します。**「お金」のことで爆発すると、シコリを残す**ことに……。

「**誰のための介護**」かという本筋に立ち返るとともに、本書を参考に、早めに介護費用の負担方法について家族間で話し合うことをお勧めします。

2 それでも子が援助をする場合の注意点

子の高齢期もスグそこだと認識する

ひと昔前は、親を看取ってから自分のことをしよう、と考える人が多かったようです。けれども、長寿になり、親の高齢期と子の高齢期が重なるようになってきました。

国もしきりに「人生100年時代を見据えた経済社会の在り方」というようになってきました。

晩婚化により子育てと介護を同時に行わなければならない、いわゆる「**ダブルケア**」となるケースも珍しくありません。育児が終了しても、介護は続き……、やがて、**子供も定年退職**を迎えます。そして、年金生活に突入すると、親に対しての経済的援助が厳しくなります。とはいえ、一旦支援したら、それをやめるわけにもいきません。

実際、父親が入った有料老人ホームの月額の費用の一部負担を始めたある男性、そのうち自分自身が定年を迎え……、費用負担が難しくなりました。結局、父親には公的な老人ホームに移動してもらうことに。言葉でいうのは簡単ですが、都心部だったこともあり、公的な老人ホームの空きを見つけるには時間がかかりました。慣れ親しんだ施設から退去することは、父親にとってもも大きな負担です。「**経済的な見通しが甘かった**」と男性はいっていました。

あなたも100歳以上生きる可能性あり

高齢人口の増加により、**年金財政は厳しくなる一方**です。支給年齢が引き上げられるのではないかと、やきもきしている人も多いことでしょう。

よく、「今の高齢者は丈夫で長生きだけど、自分たちはそこまでは生きない」という声を聞きます。しかし、国立社会保障・人口問題研究所の推計（平成29年）では、今後、男女とも平均寿命は

一般的なライフステージ

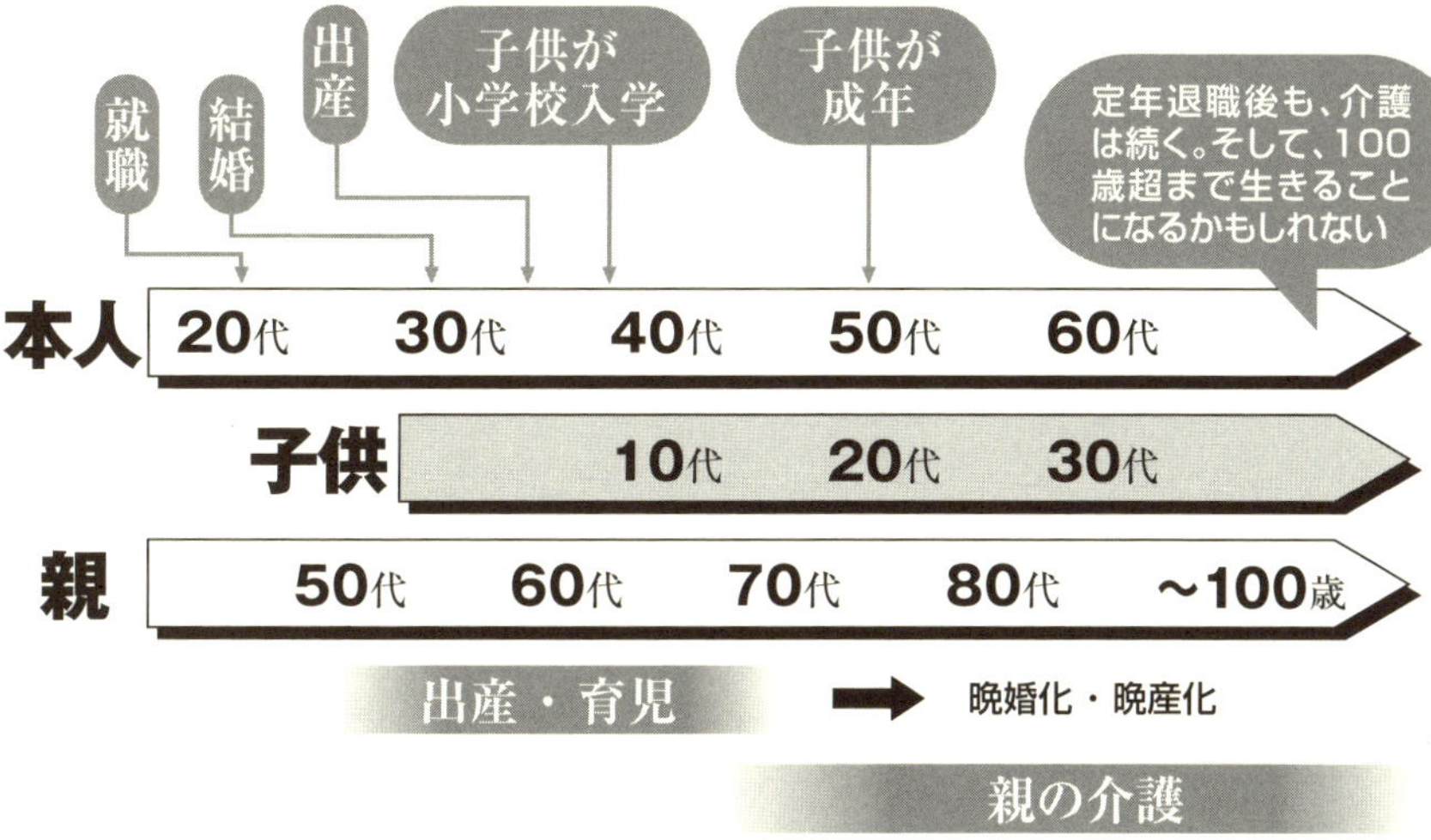

出典：平成26年版 情報通信白書（総務省）より作成

延びて、２０６５年には、女性91・35歳、男性84・95歳と見込まれています（２０１６年の平均寿命は女性87・14歳、男性80・98歳）。

つまり、**あなた自身も、１００歳以上生きる**可能性は十分あるということです。

親のためにどんどんお金を使えば、あなたが要介護となったときに破綻しないのか、よく考えておく必要があります。破綻すれば、次の世代が、親と祖父母をみることにもなりかねません。**親が１００歳となり、あなたが70歳代**なら、亡くなるのは、どちらが先か分かりません。つい先日会った男性（75歳）も「親の介護が大変で」と嘆いておられました。子が親より先に亡くなる「逆縁」という言葉がありますが、長寿となった現代社会では、特別なことではなくなっています。

多くの親が「ぽっくり」亡くなりたいといいます。親世代だけでなく、筆者も、自分自身のこととして「ぽっくり」を願います。けれども、そんなにうまくいきません。資金援助する場合は、**甘すぎる見通しは禁物です**。

3 親のお金を子が引き出すのは容易ではない

委任状がないとお金はおりない

親が倒れ、入院費用や介護費用がかかることになった場合、あなたはどのように行動しますか。「支払いは、親のお金で！」と決意してはみたものの、親のサイフにはそれほど大金は入っていないでしょう。親と意思疎通できる状態であれば、キャッシュカードを預かって預貯金を引き出しに行くこともできますが……。

しかし、通常、入院すると、スグに入院保証金が必要となります（P074）。

多くの子供は、「**家捜し**」をします。通帳と印鑑が見つかると、足早に銀行へ。しかし、窓口で「親が入院したので、代わりにおろしにきました」と告げても、お金をおろすことはできません。窓口の行員から、「**委任状をお持ちですか**」と聞かれ……、撃沈。

親が委任状を書けない状態だと……、お金をおろすことは難しいといわざるをえません。

親のお金は親のもの。金融機関では、お金を引き出しにきた子供が、善意の子供か悪意の子供か、判断することはできないためです。なかには、親のお金を詐取する子供もいますから。

「親が認知症になったから、代わりにおろしにきました」と窓口で告げたために、**口座を凍結**された、という子もいました（口座の持ち主には判断力がないことを銀行に伝えたため）。

「代理人キャッシュカード」保持という手も

筆者は、介護の講演をする際、たいていこの話をします。参加者の表情が、真剣になる瞬間です。「引き出せなかった」経験者でしょうか。大きく頷く人も、必ずといっていいほどいます。あるとき、手を挙げる参加者がいました。「子供が引き

親のお金を介護費用にあてるには

1 キャッシュカードの所在と暗証番号を聞いておく

2 代理人キャッシュカードを作成しておく

3 預かり金(P048)、信託(P138)、成年後見制度(P136)等を活用する

POINT 親のお金は親のもの。子供のものではない。強引に暗証番号を聞き出したり、お金を引き出したりすることは法に触れる

出せないのはもちろんのこと、**夫婦だってムリ**でした」。その方の父親が倒れたとき、母親が父親の通帳のお金を引き出そうとしたのですが、ダメだったそうです。普段、お金の管理は父親が行い、ほとんどの預貯金が父親名義だったため、大変だったといいます。

こうしたトラブルを想定し、親が元気なうちに、**キャッシュカードの所在と暗証番号**を聞いているという子供もいます。「どこかに書いておいて」と頼んだという子も。金融機関によっては、本人以外もお金を引き出せる「**代理人キャッシュカード**」を作成できるので、相談のうえ、親に作成してもらうのも一案です。親の判断力があるうちに、定期預金を解約し普通預金に移したという子もいます。

とはいえ、親の大切な情報です。子供は聞いてもいいけれど、「**聞き出す権利はない**」ことも覚えておいてください。強引に聞き出すことは法に触れます。普段からの親子のコミュニケーションが試されるということかもしれません。

4 遠距離介護の交通費は誰が出す？

親にお金があるなら、出してもらおう

親が遠方に暮らしていると、その支援や介護をするためには行ったり来たりしなければならず、交通費がかかります。飛行機や新幹線を使っての帰省となると、なお更で、大きな負担となります。

これまで、遠距離介護を行う多くの子の声を聞いてきましたが、永続的な帰省を続けるケースでは、親に交通費を負担してもらっている人が少なくありません。古い調査ですが、**約半数が、親から交通費**をもらっているという結果でした。

子世代の声を聞いていると、男性は「老いた親から交通費をもらえない」という人が圧倒的。一方、女性は「ありがとう！」と、スグに受け取る傾向があります。

遠距離介護の交通費も、介護費用の一部だと捉え、親にお金があるのであれば、受け取ればいいのではないでしょうか。親の自立した生活を応援するために帰省する費用だからです。

それに、受け取ることで、親のココロの負担が軽減するケースもあります。子供に「時間」と「体力」と「お金」まで負担させることになると、「申し訳ない」と思うのか、「帰ってこなくていい」という親もいます。親自身が交通費を負担することで、プライドを保てることもあるようです。

親から交通費を受け取ることは、**いつか相続でもらうよりも「ずっと生きたお金の使い方」**だと発想の転換をしましょう。受け取り、帰省頻度を上げることができれば、親も嬉しいでしょう。

ただし、きょうだいがいる場合は、**きょうだい間でも、交通費の話は早い段階で。**なかには、「交通費を親からもらう」という発想ゼロのきょうだいもいます。「ナゼだ？」とモメます。一方で、親元に行けないきょうだいが、頻繁に通うきょう

飛行機の介護割引の例

JAL 日本航空

名称	介護保険	割引例（羽田→福岡）	予約変更、当日予約
介護帰省割引	要支援・要介護	通常………41,390円 介護割引…26,590円	可

ANA 全日空

名称	介護保険	割引例（羽田→福岡）	予約変更、当日予約
介護割引	要支援・要介護	通常………41,390円 介護割引…26,590円	可

SFJ スターフライヤー

名称	介護保険	割引例（羽田→福岡）	予約変更、当日予約
介護割引運賃	要支援・要介護	通常………36,790円 介護割引…20,900円	可

※運賃は、シーズン、料金改定等によって変わる場合があります。

だいの交通費を負担するという話も聞きます。

飛行機の「介護割引」をチェック

家族の誰が支払おうと、負担には違いありません。飛行機は、早期に予約すればかなり安いケースもありますが、何か月も前から予約を入れるのは難しいことが多いでしょう。介護では、「急な帰省」もつきものですし、仕事等があると、早期の予約はしづらいものです。

航空会社の多くが、「**介護割引運賃**」を設定しているので要チェックです。航空会社によって事前登録の方法は異なりますが、普通運賃と同じようにキャンセルや変更ができたり、空席があればその日でも予約できたり。詳細は利用する路線の航空会社に聞くかホームページで確認しましょう。親が介護保険の認定を受けていると使えるケースがほとんどです。

JRには介護割引はありません。各社のホームページを見て安くあがるよう研究したり、株を購入して**株主優待**を利用、なんて声も聞きます。

5 介護の「謝金」を親からもらうって、あり？

減収分を受け取るのはある意味当然

親の介護をするために、仕事ができない、減らさざるをえない、というケースがあります。

ある女性は、昨年頃から、一人暮らしの母親の要望で、実家に週に1回は顔を出して様子を確認。母親のできない家事を行うようになりました。その母親のために、週に3回だったパート勤務を2回に減らしたそうです。減収は1回7500円で、月に換算すると3万円となります。

そのことを母親に直訴。話し合いの結果、7時間も働くわけではないので、月に2万円を母親から受け取ることにしたといいます。「**その時間、働けないいんだから、当然よ**」と女性。

別の女性は、同居の両親をみるために、退職しました。「別居の兄から、『まかせっきりだから』と毎月3万円が送られてくるようになった」といっていました。兄からの謝金ですね。

お金で縛られることは避けたい

ただ、家族間で謝金の受け渡しをする際には、注意したいことがあります。

介護への拘束にならないようにすることです。「今日は都合が悪い」と、いい出せなくなったり、グチをいえなくなったり……。きょうだいにグチろうものなら、「お金をもらっているだろう」とか、「お金を渡しているだろう」とかいわれてしまう……、なんてことにならないでしょうか。ツライ立場となります。

そもそも、日本では2000年の介護保険制度の導入時期に家族に対する「現金給付」導入の議論がありました。けれども、**家族に対する現金給付は「家族を介護に縛り付ける」**ことになりかねない、という理由で導入されませんでした。

親元への交通費と謝金は別物

親元への交通費

必要経費

↓

通った分だけ受け取るので、
縛られない

介護の謝金

報酬

↓

もっと介護を頑張らなければ、
と縛られる

POINT 家族からの介護の謝金を、「もらって当然！」といえる性格ならOKだが、恐縮してしまう性格ならもらわない方が無難

それでも、現在、多くの自治体で「**家族介護慰労金**」という制度が設けられています。受け取るためには、所得が低く、要介護4・5の対象家族と同居（または近隣に居住）し、常時その方を介護している状況で、介護認定が出てから1年の間、介護保険サービスを利用していない、等の諸条件があります。条件を満たした場合に、年間10万円前後が給付されます（条件や金額は自治体によって異なります）。

家族間での謝金の授受は、必要経費である交通費とは性格が異なるので、よく話し合ったうえで行いたいものです。前述の女性のように、「もらって当然」といえる性格であればいいのですが、「もらうのは、申し訳ない」と恐縮する性格なら、**介護に縛られる可能性**が高いので、やめた方が無難です。

考え方や事情はさまざまであり「正解」はありません。が、筆者は、子供が仕事を辞めたり減らしたりするのではなく、**現金は外部サービスにあてる**方がベターなのでは、と考えています。

6 介護費用として渡されたお金は、生前贈与？

親の介護にかかる費用は、そこから出す。もちろん、**明細と領収書**などを残す必要があります。名義は娘であっても、「預かり金」であれば、**贈与税はかかりません**。父親が亡くなった時点で**残金があれば相続財産**となります。

ただ、名義を変えることで、きょうだい等から要らぬ憶測をされることもあるのでしょうか。名義は変えず、本人のキャッシュカードで入出金するケースの方が多いように思います。いずれにしろ、よく話し合う必要があります。

「必要な都度・使い切り」が大原則

一方、介護が始まった当初は、子供のサイフからやりくりしていたけれども、「親本人のお金で介護しよう」と考えなおした場合……。もし、ここ数年であなたが相当な金額を使ったからと、親から「これまで分として、まとめて200万円を

「預かり金」は贈与に当たらない

親の側から、「介護が必要になったら、ここから使って」とまとまったお金を渡されるケースもあると聞きます。ある女性は、初期の認知症と診断された父親から「いずれ、これで介護を」と父親名義の600万円の定期預金を預かりました。

定期では使いにくいので、解約して、**女性名義の口座に移し替える**ように指示されたそうです。

確かに、女性名義の口座に移しておけば、入出金がスムーズだといえます。けれども、気を付けないと、「**生前贈与**」に当たり、贈与税がかかることになります。

女性名義の口座に移す場合は、新しい口座を作成し、父親からの「**預かり金**」として600万円を入金します。父親との間に、その旨の「**覚書**」を交わしておくことも必要でしょう。そして、父

親のお金を「預かり金」とする方法

父親から、「僕の認知症が重くなってきたら、
この600万円で介護してくれ」と通帳を渡されたら?

1 子供名義の新しい口座を作る
↓
2 父親から渡された600万円を入金
↓
3 父親と、「預かり金」として覚書を交わす
↓
4 父親の介護が始まったら、そこから出金（明細と領収書を残す）
↓
5 父親が死亡した時点で、残金があれば、相続財産となる

名義は子供であっても、「預かり金」であれば、贈与税はかからない。「預かり金」とするのは節税目的ではなく（節税にはならない）、入出金をスムーズにするための方法

POINT

返すよ」と、いわれたらどうしますか。

これも注意が必要です。

原則、介護にかかる費用や交通費は、**実費相当分**であれば、もらっても贈与税の対象とはなりません。ただし、贈与税が課されないためには、「**必要な都度・使い切り**」という大原則があることを覚えておきましょう。必要な金額を必要な時にその都度渡し、もらった側は使い切るのが鉄則なのです。

まとめて200万円をもらえば、贈与とみなされてしまう可能性があります。

今後は、「必要な都度・使い切り」でもらうといいでしょう。問題とならないよう、領収書等を残すこともお忘れなく。きょうだいがいる場合は、事情を共有しておくことも大切です。

それでも、これまでの分を……、ということであれば、贈与税については**年間110万円**までの基礎控除があります。今年、清算してもらうのは、この金額の範囲にしておくと問題にならないでしょう。

7 民間の介護関連保険への加入は役立つ？

高齢の親には不向き

介護が始まった場合の経済的負担を軽減する方法として、親に民間の介護関連保険への加入を勧めるべきかと、よく聞かれます。

生命保険会社、損害保険会社、共済各社がさまざまな保険を売り出しています。左表の通り、保険商品ごとに、内容は多種で、あらかじめ決められた介護の度合いになると、一時金を受け取れるタイプ、年金を受け取れるタイプ等があります。

保険金がおりる基準も保険ごとに違います。大きく分けると、**公的介護保険に連動**したものと保険会社の**独自基準**によるものの2種類があります。

しかし、契約可能な年齢を確認すると……。多くは、**70歳、もしくは75歳まで**となっています。

なかには、85歳まで加入できる保険もありますが、リスクが高まる分、保険料は高くなります。

つまり、民間の介護保険は、今から高齢の親が加入するというよりは、**現役世代が自分のために**加入するものだと理解した方がいいでしょう。

が、すでに親が自ら、加入しているかもしれません。受け取りそびれないよう、どのような保険に加入しているか、聞くだけでなく、親と一緒に**保険証券を見て**、確認しておきたいものです。民間介護保険だけでなく、入院保険や年金保険も。

長寿社会となり、**90歳まで加入できる医療保険**も登場しています。

親の介護にかかる費用を参考に、自身のかけている民間保険についても見直したいですね（自身の老後の備えとして保険がベストとは限りませんが……。こちらの詳細は、別の専門書にまかせます）。

公的・民間介護保険の違い

	公的介護保険※1	民間介護保険
強制加入か任意加入か	強制加入	任意加入
加入年齢	40歳〜生涯	保険商品によって異なる
保険料	年齢、所得、自治体等で異なる	保険商品、年齢等で異なる
保障対象	要支援・要介護と認定された人	保険商品によって異なる
保障内容	費用の9割、8割、7割※2（所得により異なる）での現物給付	年金・一時金など現金給付

加入可能年齢が70歳、75歳までの商品が多く、高齢の親に勧めるには向かないケースが多い

※1 公的介護保険についての詳細はP092〜参照　※2 2018年8月より

民間介護保険のチェックポイント

☑自分や親は、どのような保障を求めているか
そのニーズにあっているか

☑保障を必要とする期間はいつまで？

☑保険金や給付金の額は適切か

☑保険料の払込金額と払込期間は適切か

☑どのようにして保険金受け取り請求を行うか
（親本人ができない場合は？）

コラム2

ある日、突然、親が倒れたら？

介護のお金についてのインタビューを受けていたときのことです。

ひと通りの話が終わったとき、それまで撮影をしていたカメラマンが「それ、それ、そうなんですよ」と話に割って入ってきました。

彼の父親は突然倒れて、亡くなるまで意識不明の状態が長く続いたそうです。その際、一番の問題は、「病院の支払い」だったといいます。父親の口座にはある程度のまとまったお金があるものの、委任状がないため、家族では引き出すことはできませんでした。

彼には姉と弟がいるそうですが、支払いの話になると２人は結束したかのごとく「こういうときには長男が支払うべき」と声を揃えたといいます。「それまで、『長男』とかって、いわれたこともなかったのに、途端に『長男』『長男』てね」と彼。結局、「葬式の支払いまで、立て替えが続き、大変でした」と。

彼の場合、きょうだいとの関係が良好だったので、父親が亡くなって相続で清算できたそうです。

ちなみに、通常、家族らが負担した入院費用や葬式費用は、遺産分けの話し合い（遺産分割協議）で清算します。ただし、このときトラブルにならないように、立て替える際には、事前に、きょうだい等の同意を得たうえ、可能な限り領収書を残すことが大切です。領収書をもらえない支払いについては出金メモを残しましょう（死亡後の病院への支払い分は、被相続人と同一生計だったのであれば、医療費控除の対象となります）。

ルール3…「いくらかけられるか」という発想を大切に

お袋に「いくらもってるか」って聞きにくいな……
でも大事なことだし
お袋！預貯金ってどうなってる？
P058へ!!
急に何をいいだすのよ？
交通費とかでうちの家計も厳しくなってきたから
悪いけど介護費用全部は負担できない
だから今後どのくらい費用をかけられるか考えなおしたいんだ

そういうことね
はいこれよ
あまりないけどね
通帳
預金額
300万か…
…
年金の月額
手取り13万円も
あるし
これなら……
東京
これだけあれば
なんとか
やっていけるよな
あと5年くらい
だろうし
？
あと5年？
何いってるの？
お義母さん
80歳よね
今どき100歳まで
生きるわよ
100って…
オレ
70歳に
なっちゃうよ…
P062へ!!

1 いくらかかるかではなく、いくらかけるか

「平均額」は参考程度に

インターネットで、「親の介護／いくら」と検索すると、相当な数がヒットします。恐れている人がとても多いことを推察できます。筆者も、これまで、新聞、雑誌、テレビ、個人の方……、この質問を何度受けたことでしょう。

インターネット検索でヒットした項目を見ると、紹介されている数字の多くは、生命保険文化センターの２０１５年調査結果です。

「住宅改修や介護用ベッドの購入等の初期費用の合計」が平均80万円。

「月々の費用」が平均７万９０００円（公的介護保険サービスの自己負担費用を含む）。

加えて、介護期間は平均4年11か月（59か月）。

そこで、７万９０００円×59か月と初期費用をあわせて５００万円以上を負担しなければならない、と考える人が多いのかもしれません。

もちろん、この数字は１つの参考とはなるでしょう。けれども、筆者は、頷けないのです。そもそも、この数字には在宅介護、施設介護の双方が含まれています。施設介護の場合、**「暮らす（家賃）」**費用も含まれるので、在宅介護よりも額が膨れるのは当然です。乱暴な表現であることを承知でいえば、賃貸物件に暮らし、家賃を支払っている親に介護が必要となった場合、施設介護は「安い！」選択となる可能性があります。

実際、この調査の元データを見ると、**在宅の月平均は約５万円、施設の月平均は11万７０００円**です。在宅では1万～2万５０００円未満がボリュームゾーンとなっています。７万９０００円と比較すると、かなりの開きがあることが分かります。

月々かかる費用はさまざま

★月々の介護費用は？　平均7万9,000円

在宅……5万円
（1万〜2万5,000円未満が23%と最も多い）

施設……11万7,000円
（家賃分含む）

出典：生命保険文化センター 平成27年度生命保険に関する全国実態調査（平成27年12月発行）

POINT 介護費用は、平均値ではなく、「自分の親は、いくらならかけられるか」との発想で

介護費用は高くも安くもできる

これまでの取材経験からの感想ですが、多くの人が、**支出可能な範囲で介護**をしています（たまに、出せない額を出そうとして自滅する人もいますが……）。また、ルール1で述べた通り、介護保険のサービスを利用した場合、所得に応じて、後から費用が戻ってくる制度もあります。

何も、この調査にケチをつけるわけではありません。ただ、親の介護費用として、数百万円を確保しなければ、と**焦る必要はない**といいたいのです。介護費用は高くもできれば､安くもできます。つまり、介護費用はいくらかかるかではなく、**いくらかけるか。いくらなら、かけられるか**。

本書のタイトルで提示している通り、原則、介護費用は親本人のお金を使おうというのが筆者の考えです。「いくらかかるか」と悩んでいるのではなく、「いくらなら、かけられるか」（介護の予算）を精査し、制度やサービスを賢く活用しながら、介護と向き合いたいものです。

2 親の年金額は？ 蓄えは？

どんな介護ができるかは親の懐《ふところ》事情次第

親の介護費用は、いくらかかるかではなく、いくらかけられるか。

目安の金額を明らかにするためには、**親の懐事情を知ることが大切**です。なぜなら、親のお金が、介護の予算となるから……。

では、あなたは親の**年金額**を知っていますか。年金以外の収入は？　**預貯金や株**の大まかな額、**借金やローン**は？　何かのときに現金化できそうな**不動産**は？　**民間保険**への加入は？

講演で、この話をすると、どの方の眼差しもひと際真剣になります。そして、話を進めるに従い、戸惑いの表情となるのが分かります。

多くの子供は、親の懐事情を把握しておらず、しかも「**聞くことは困難だ**」といいます。

しかし、考えてみてください。例えば親の月々の年金が5万円か20万円かによって、介護にかけられる金額は大幅に違ってきます。もし、親の預貯金が0で、月々の年金が5万円であれば、民間の介護付き有料老人ホームへの入居は困難だといわざるをえません。預貯金が0でも、年金が20万円であれば、１つの選択肢となるでしょう。

世知辛い世の中だと思われるかもしれませんが、「**介護はお金次第**」という側面があるのは事実です。しかし、勘違いしないでください。年金が5万円であれば、15万円援助しよう、といいたいわけではありません。**まずは、「現実」を知り、**そのなかでできる介護を計画しよう、と言いたいのです。仕事でも、予算が１００万円あるケースと10万円しかないケースでは、やり方は違ってきます。まさか、90万円は自腹、なんてありえませんよね。10万円の予算でも、やり方次第では、費用対効果をグッと高めることは可能です。

知っておきたい親の懐事情

☑預貯金額
（金融機関名、キャッシュカードの有無は？）

なかにはキャッシュカードを作成していない親もいるが、できれば作ってもらう方が入出金がスムーズ

☑月々の年金額

国民年金の平均支給額は55,244円/月
男性の厚生年金平均支給額は166,120円/月
女性の厚生年金平均支給額は102,131円/月
さて、あなたの親はいくらもらっている?
出典：平成27年度厚生年金保険・国民年金事業の概況

☑株など

☑不動産

☑ローンや負債額

☑民間医療保険や生命保険
（保険証券の保管場所は？）

お金の書類を家庭用金庫に入れているという親もいる。「認知症が進んで本人が開けられなくなり、家族も開け方が分からず大変なことになった」という声も

POINT 急がず、焦らず、冷静に親と向き合って、懐事情を確認

民間保険の内容も要確認

なかには、お付き合いで複数の民間保険に入っている親もいます。たまに郵便局で順番待ちしているときに、局員がお年寄りに保険の勧誘をしている姿なども見かけます。

ルール２で民間介護保険について述べましたが、その他の生命保険や損害保険、共済に加入している親もいるでしょう。保険料を自動引き落としで支払っていると、親本人も、**自分が何に加入しているか忘れてしまっている**ケースもあります。

また、一般的に、入院給付金や手術給付金は、受け取り人本人の請求で支払われます。通常、受け取り人は、被保険者本人ですが、判断力が低下して請求できないケースもあります。あらかじめ、「**指定代理請求人**」を決めていれば、その人でも請求できるので契約内容を確認してみましょう。指定していない場合、今からでも指定できるケースが多いので保険会社に確認して、指定しておくと、何かが起きたときにスムーズです。

懐事情を強引に聞くと法に触れるが……

では、どのようにすれば親から懐事情を聞き出すことができるでしょう。

普段、あまりコミュニケーションを取っていないのに、突然「年金額、預貯金、民間保険を教えて」と切り出すと、親は「**財産を狙っているのか**」と怒り出すことが予想されます。

高齢になると、白内障の手術や、骨折、ちょっとした病気を患う機会等も増えます。そうしたときに、「**今回は事なきを得たけれど、念のため、今後のことを考えよう**」と切り出したという子供がいました。

ただし、親が「いいたくない」と言えば、無理に聞き出してはいけません。Ｐ０４３で説明したキャッシュカードの暗証番号等と同様、子供は、聞いてもいいですが、**聞く権利はありません**。強引に聞き出すと、**法に触れることになるのでくれぐれも注意**を。常日頃から対話ができていてこそ聞けることだといえるでしょう。

懐事情のたずね方

★ダイレクトに

「何かのときに、どんな支援や介護ができるか、
一緒に考えよう。お金はどれくらいある？」
「今回は、事なきを得たけれど、
今後のためにお金の書類、どうなっているか教えて」

★確定申告をきっかけに

「医療費がかかってるから、確定申告をしよう。手伝うよ」

★友人の話題から

「友人の親御さんが倒れて入院したのよ。
入院保証金がいるからって、
親御さんの通帳と印鑑を銀行に持参したんだけど、
お金が引き出せずに困ったらしいよ。もしものとき、
どのお金を使えばいい?」

★民間保険を話の糸口に

「このあいだ、自分の生命保険を見直したの。
お母さんは、どんな感じ？
余分な支払いをしていないか見直そうよ」
「何かあったとき、『指定代理人』を登録しておくと、
スムーズに保険金がおりるそうよ。契約は、どうなってる?」

3 親が100歳まで生きてもお金は足りる?

余命を短く見積もるのは危険

ざっくりとでも、親の懐事情を把握できれば、次は、今後1年ごとに使える金額を割り出してみましょう。そこから、**生活費や交際費等を差し引いた額が介護に使える金額**となります。

年金は、生涯にわたって支給されますが、**預貯金を食いつぶす**と、必ず終わりがくるので注意が必要です。

実際、こんな男性がいました。その人の父親は亡くなり、一人暮らしになった母親の心身状態も悪化。「母親も、もってもあと2年くらいだろう」と考えました。父親の残したお金もあり、少しなら自分たち子供で援助もできるからと、母親に有料老人ホームに入ってもらいました。

入居すると、日に3回、しっかり食事をとり、リハビリをしたりレクリエーションに参加したり……。母親はどんどん元気になりました。筆者がその男性と出会ったとき、すでに入居後3年が過ぎていました。「**もうお金がないんです。これ以上、援助はムリ**」と男性。

母親の余命を見誤ったのですね。母親が生きていてくれることは嬉しくても、その費用をどうするか。一旦、施設に入った母親を在宅に戻すのは、簡単なことではありません。

左の計算式では、親が100歳まで生きると考えてみました。「100歳」というと、「そんなには生きない」という人が多いですが、そうでしょうか。2017年9月現在、全国の**100歳以上**の高齢者は過去最多の**6万7824人**です。**90歳以上**の人口は、なんと**206万人**!(ちなみに、1980年の90歳以上は12万人)と、考えると、**計算式は100歳ではなく、105歳くらいにした方が安心**なのかもしれません。

資金計画の立て方

100歳まで生きるとして計算。
105歳とするとさらに安心

貯蓄：（貯蓄□万円）÷（100－年齢□歳） ＋ 年金（1年分）：□万円 － 予備費（1年分）：10万円 ＝ 1年間に使えるお金：□万円

突発的な出費に備えて予備費を確保。一例として1年で10万円と計算

ここから生活費や交際費等を差し引いた額が介護に使えるお金

POINT 預貯金額を余命で割ったものに年金額を足して、1年で使える金額を計算

100歳以上が多い都道府県

都道府県別人口10万人当たりの
100歳以上の高齢者が多いのは……

1位…島根
2位…鳥取
3位…高知
4位…鹿児島
5位…佐賀

少ないTOP5
埼玉
愛知
千葉
大阪
神奈川

出典：厚生労働省プレスリリース（平成29.9.15）

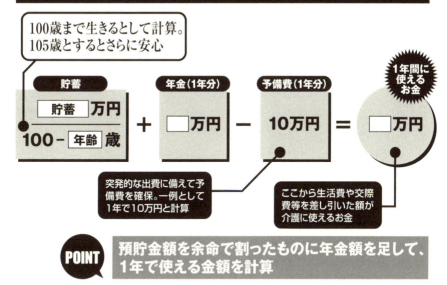

4 父親死亡後、母親の介護費は足りる?

国民年金受給の親には遺族年金はない

いま、両親2人が揃っていても、いずれどちらかが亡くなります。夫婦のうち、父親の方が年長で、女性の方が長生きである場合が多いので、どちらかといえば母親が残ることが多いといえるでしょう。

両親が揃っている場合、通常、2人のお金を合算して生活しています。それで、ゆとりがあったとしても、**父親が亡くなれば、月々の収入はガクンと減る**ことに。

左は、父親が亡くなった場合に、母親はどれくらいの年金を受け取れるかをざっくりシミュレーションしたものです。特に、自営業だった場合、国民年金受給となりますが、国民年金には遺族年金はありません。父親が亡くなると、受給できるのは母親の分6万5000円のみに。一人暮らしになったからといって、一般的には、**生活費は半分にはなりません**。相当厳しい経済状況になることが推測できます。

父親・母親にかけられる費用は異なる

P063に、100歳まで生きると想定した資金計画の計算式を紹介しました。年金額の空欄には、父親と母親に対し、**現実的な数字**を書き込まなければ、計画は机上の空論になりかねません。

遺族厚生年金は、ざっくりいえば、死亡した人が本来受け取る予定だった老齢厚生年金の3/4です。といっても、父親の年金の3/4が母親にいくわけではありません。父親の年金は「基礎年金」と「厚生年金」の2階建てになっています。**3/4になるのは、「厚生年金」の部分**のみです。

また、母親にも厚生年金が支給されていたら、その分は減額されます。

日本年金機構　http://www.nenkin.go.jp/

母親1人になると年金は？（例）

★現役時代共働き

父親＋母親		父親死亡母親1人に
年金30万円	→	年金15万円

★現役時代母親は専業主婦

父親＋母親		父親死亡母親1人に
年金22万円	→	年金13万円

★現役時代自営業

父親＋母親		父親死亡母親1人に
年金13万円	→	年金6万5,000円

父親が亡くなると、母親は「寡婦」となる（P018）。住民税が非課税になると、今後の医療や介護の負担は軽減するので要チェック

POINT

現役時代の働き方で、年金受給額は大きく異なる

と、考えると、想像以上に、父親死亡後の母親の年金が少なくて驚くことも。P018の「**寡婦控除**」が使えないか要チェック。「寡婦」で「非課税世帯」になれば、医療と介護の負担は軽減します（**遺族年金は非課税なので足し算は不要**）。

思っていた介護方法を実践できなくなることもあります。父親を施設で介護。死亡後は、母親を同じように施設介護するつもりだったが予算が足りない、という話をしばしば聞きます。

話しにくい話題かもしれませんが、機会を見つけて、**母親と将来の話を**してみましょう。両親が生きている間でも、どちらかが亡くなった場合の年金額の概算を出すことは可能です。**日本年金機構の年金相談**に行けば、教えてくれます。年金手帳等を携えて、親と一緒に行きましょう。一緒に行けない場合は、親の委任状を持参すれば、子供だけでも大丈夫。日本年金機構がホームページ上に委任状の様式をアップしているので活用するといいでしょう。

5 親の家を現金化して介護費用に？

「リバースモーゲージ」という選択も

親の預貯金は少ないけれど、家は「持ち家」という人は多いでしょう。国の調査を見ても**60歳以上の87%が持ち家**に住んでおり、75歳以上の男性では9割近くとなっています（「高齢者の経済・生活環境に関する調査」内閣府、平成28年）。

介護費用の計算をするとき、「**実家を、何とかできないだろうか……**」と考える子供が多いのは、こうした理由からです。

親の家を現金化するには、大きく分けて3つの方法が考えられます。

①売却
②賃貸
③子がそこで暮らす（子の家を売却。子が賃貸だった場合は、その家賃分が現金に）

どれを選択するにしても、交通の便が良い等、その家や土地に魅力がなければ成立しないことは察しがつくでしょう。でなければ、子供だって移り住むことは難しいですね。実際、人口減少の続く地方の町では、「空き家」は大きな課題となっています。

けれども、もし、**親の家の土地・建物の評価額が一定の基準以上**あるなら、現金化できる可能性があります。

①は単純な売却のほか、「**リバースモーゲージ**」という方法も考えられます。自宅を担保に、銀行などからお金を借り入れ、死亡した時点で売却して一括返済する方法です。力を入れて実績を伸ばす銀行もあります。一方、さまざまな制限はありますが、同様の制度として低所得の方向けに公的な「**不動産担保型生活資金**」もあります。窓口は、地域の社会福祉協議会です。

！ 一般社団法人移住・住みかえ支援機構（JTI）
http://www.jt-i.jp/

民間リバースモーゲージの仕組み

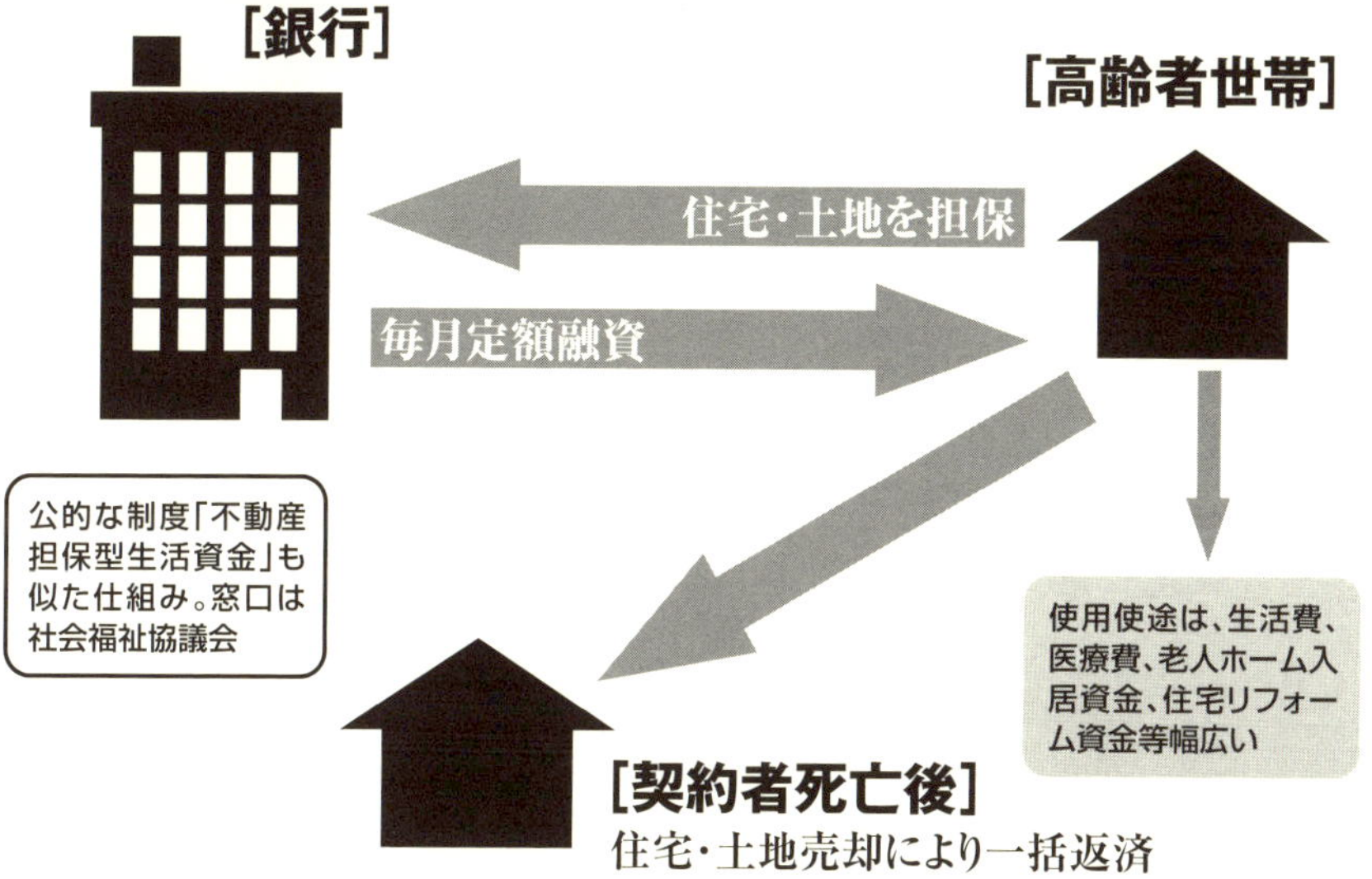

いずれにしろ、**長生きした場合に融資限度額に達し**たり、**不動産価格が下落**したり等のリスクがあるのでしっかり検討しましょう。

賃貸なら「マイホーム借上げ制度」を一考

リバースモーゲージは、自宅に暮らしながら生活資金を生み出せる方法ですが、施設の月額利用料等を補填《ほてん》したいなら、②の賃貸が向くこともあるでしょう（リバースモーゲージでも対応可能な場合もあります）。

なかでも、一般社団法人移住・住みかえ支援機構（JTI）が実施する制度「**マイホーム借上げ制度**」は一考の価値があります。制度の申し込み後、1人目の入居者の決定以降は、空室が発生しても規定の空室時保証賃料が支払われるからです。一般的な賃貸であれば、「借り手がいなくなったら、どうしよう」という不安がつきまとうのに対し、空きがでても、**安定した賃料収入**が見込めるのは魅力です。

6 介護ローンでお金を借りるのはあり？

清算見込みがあるなら1つの選択肢

お金を借りれば、返さなければなりません。

しかし、介護目的でお金を借りると、将来的に、要介護となった本人が返済するのは難しいケースが多いのではないでしょうか。

多くの信用金庫や信用組合等で「**介護ローン**」という金融商品を取り扱っていますが、要介護となった本人への貸し出しというよりは、家族への貸し出しとなっています。とはいうものの、老いた夫を、老いた妻が介護するような「老々介護」では、審査の条件に合わず、借入が困難であることが多いといえるでしょう。安定収入のある**現役の子供向けの商品**だといえます。

となると、本書のルール2には合わないため、基本的には利用をお勧めしません。けれども、親のお金はあるけれども、本人が認知症になり、その口座のお金を引き出せない、等のケースでは役立つことがあるかもしれません。親のキャッシュカードは見つかったが、暗証番号が分からずにアクセスできないようなケースもあるでしょう。将来的に、**相続で清算**できそうだが、立て替える現金がない場合は1つの選択肢となります。

金融機関によりますが、金利は低めの設定となっています。通常、担保は不要です。車いす・介護ベッドなどの介護機器購入資金や、在宅介護のためのリフォーム資金、介護施設への入所一時金等に利用できる商品が多いです。融資額は、金融機関によって違いますが、**300万~500万円ほどが上限**となっています。

公的ローンは年収1000万でも無利子!?

一方、どうしても介護のためのお金を借りる必要がある場合、親と同居しているのであれば、ま

「社会福祉協議会」は半官半民の福祉組織。日本中すべての市町村ごとにある。所在地は役所に確認を。

生活福祉資金の貸し付け対象

低所得者世帯

必要な資金を他から借り受けることが困難な世帯
（市町村民税非課税程度）

障害者世帯

身体障害者手帳、療育手帳、
精神障害者保健福祉手帳の交付を
受けた者等の属する世帯

高齢者世帯

65歳以上の高齢者の属する世帯

連帯保証人を立てる場合は無利子。連帯保証人を立てない場合は年1.5%の利子

出典：厚生労働省

ずは、「**生活福祉資金**」という公的融資の利用の検討をお勧めします。

介護機器購入資金としては上限170万円、在宅介護のための住宅リフォームの上限は250万円等、細かな条件は決まっていますが、**連帯保証人を立てれば無利子**なのは魅力です。

低所得の方向けの制度ですが、**「介護目的」の場合、比較的条件は緩い設定**となっています。

一例ではありますが、収入基準の例としてこのような家族が紹介されています。

「夫（48歳）、妻（42歳）、子供2人（高校生17歳、小学生10歳）、祖父母（75歳、72歳）の6人世帯が高齢者のため住宅を改造する場合、年収で概《おおむ》ね1000万円以内までの世帯が利用できます」（出典：千葉県社会福祉協議会）。

借入申し込みをする資金の種類や現在住んでいる自治体、家族数等により違いはありますが、地元の社会福祉協議会が窓口なので問い合わせてみましょう。

コラム3

経済的虐待の加害者とならないために

「高齢者虐待」という言葉があります。殴ったり、蹴飛ばしたりする「身体的虐待」、怒鳴ったり、ののしったりする「心理的虐待」。必要な介護を行わずに放置する「ネグレクト」もその1つです。さらに、日常生活に必要な金銭を渡さなかったり、使わせなかったりする「経済的虐待」も。年金や預貯金を本人の意思・利益に反して使用することも含まれます。

親の懐事情を聞こうという提案は、「グレーゾーンだ」という人もいます。特に、キャッシュカードの暗証番号等を聞くことは、本人の意思に反した使用に至る可能性がありますから……。

実際、こんな話を聞きました。80代の母親と50代の長男の二人暮らしのケースです。長男はリストラにあい、職を失いました。そして、母親のキャッシュカードで生活費を引き出すようになりました。ケアマネジャーが介護サービスを充実させるよう提案しても一蹴。ケアマネジャーは、「長男は家事全般を行っており、虐待とはいえないが、はがゆい気持ちだった」といいます。

どこまでが「金銭管理」で、どこからが「金銭搾取」か難しい問題です。この事例で、長男が家事や介護を一切せず、お金だけを引き出すようなら、行政の権限で2人を別居させ、ルール7で述べる「成年後見制度」等の適用となる可能性があります（もし身近で高齢者虐待を発見した場合は地域包括支援センターに相談・連絡を）。

親のお金は親のもの。

しっかり線引きをするためにも、事前の対話が欠かせません。P060でも書いたように、私たちは親の懐事情を聞いてもいいですが、親の意に反して聞く権利はないのだと理解を。

ルール4…同時にかかる医療費のあれこれを知る

★入院保証金
★診療報酬は、「出来高払い」と「包括払い」
★入院時食事療養費
★特別療養環境室料
★高齢受給者証
★後期高齢者医療制度
★回復期リハビリテーション病院
★地域連携室　等
★「往診」と「訪問診療」
★在宅療養支援診療所
★緩和ケア
★がん相談支援センター
★延命治療の費用

一郎の職場
介護費用って結構かかるなぁ
ホントそうよねぇ
先輩のところもですか？
同居の父の具合が悪くてね度々入院しているの
そっちの費用もバカにならないわ
先日も……

大部屋じゃあ うるさくて 眠れない 個室に替えてくれ
っていうから 病院に相談 したら……
1日1万円の 部屋しか 空いてないいって いわれたのよ
1か月入院したら 32万円よ！
P076へ!!
うわぁ
それは大変ですね で どうしたんですか？
うちの父は 1日5000円の 民間保険に入ってるの
だから看護師さんに 1日5000円の 個室が空いたら 移してくださいって お願いしたわ
P076へ!!
1万円は無理よ 父は文句 いってたけど 我慢してもらう しかないわ
ですよねぇ…

1 入院するとどのような費用が発生？

「入院保証金」は5～10万円

介護の始まり――、それは、病気やケガ等で入院、そして退院となったタイミングだった、とよく聞きます。つまり、「**介護費用**」の前に、「**入院費用**」が必要となるケースが多いということです。

病院に支払うのは、「医療費の自己負担額」「食事代」「差額ベッド代（1～4人部屋利用のケース）」、そしておむつ代や先進医療など保険適用外の費用。

通常、入院した途端、5～10万円くらいの「**入院保証金**」を請求されます（退院時に医療費と相殺で精算）。このとき、親の意識がはっきりしているなら、「どこから出せばいい？」と聞きましょう。キャッシュカードの保管場所と暗証番号を聞ければ、そこから出金。聞きにくい場合も、あなたが何もいわずに支払うのではなく、「**立て替えておくよ**」とひと言。後から返してもらいやすいでしょう。

食事代は全国一律、1食460円

診療報酬は、「**出来高払い**」と「**包括払い**」があります。

レストランの食事に譬《たと》えると、「出来高払い」は個別注文、「包括払い」は食べ放題です。従来、医療費は「出来高払い」が基本でしたが、現在、国はどれだけ検査をしても、投薬をしても病院の受け取る金額は変わらない「包括払い」を推奨しています。病名や手術、処置等の内容に応じ、厚生労働省によって定められた1日当たりの定額の医療費を基本として全体の医療費を算定します。しかも、**入院が長くなるほど1日当たりの入院点数は低く**なります。過剰診療を抑制する効果が期待されていますが、いい換えれば、**入院期間が短**

入院した病院に支払うお金は

医療費の自己負担額　**75歳以上の親の場合、1割もしくは3割**
（※所得による軽減ありP028参照）

＋

食　事　代　**1食460円→1日1,380円**

＋

差額ベッド代　**1～4人部屋利用の場合**
（※希望し、同意書にサインした場合）

＋

おむつ代や先進医療等保険適用外の費用

先進医療は医療保険適用外。例えば白内障で先進医療を選べば約50万円、がんなら数百万円。最先端の治療を視野に入れるなら、親が民間医療保険の「先進医療特約」に加入しているか要チェック

くなることであり（リハビリなどが必要なケースは、専門の病院に転院することに）、「こんな状態で、退院？」という声をしばしば聞きます。

　また、病院の食事代は、健康保険の「**入院時食事療養費**」として定められており、全国一律です。値上がりが続いており、2018年4月より**1食460円**になりました。3食だと1380円。1か月入院すると4万円以上。ルール1で述べたように、住民税非課税世帯の親なら、安くなる制度を使えるので活用したいですね（P028）。

　差額ベッド代については、次のページで説明します。また、意外と高くつくものとして、**おむつ代**があります。持ち込みができない病院では、1日1000～1500円くらいが目安となります。

　病院への支払いのほか、家族が病院まで通う**交通費**もバカになりません。遠くに暮らしているケースはもちろん、同居や近居でも、病院までタクシーを使う機会が増え（荷物が多い場合や、親の一時帰宅等）、費用がかさむという声を聞きます。

2 差額ベッド代を支払うのはどんなとき？

入院は1泊で2日分の支払い

入院すると、最初は6人部屋に入ることが一般的です。しかし、6人部屋だと、他の人に気を遣うとか、医療機器の音がうるさくて寝られないとか、隣の人のおむつ交換の臭いが……、等の理由で、親から「個室に移してくれ」といわれるかもしれません。

個室に入ると、差額ベッド代が発生します。正式名称は、「**特別療養環境室料**」。1日1万円ほどかかる病院も少なくありません。もっと高い部屋もあるでしょう。1日料金なので、**1泊で2日分、2泊で3日分の支払い**に。1か月31日入院すれば32万円！

もし、親が民間の入院保険に加入していて1日1万円の保険金がおりることが分かっていれば安心ですが……。支払えるか、考えてから個室移動を申し出なければ、後から大変なことになります。親本人に支払い能力がなければ、**入院保証人となった子供に支払い義務**が生じます。

「個室しか空いていない」は病院都合

一方、親は個室を望んでいないけれども、6人部屋に空きがないとか、治療上の都合等の理由で、病院から個室を勧められることもあります。認知症であるため、「個室にしてください」と病院からいわれたという経験談をしばしば聞きます。

厚生労働省の通達によると、このような場合に、患者側が差額ベッド代を支払う義務はないとされています。個室しか空いていないというのも、病院都合なので、本来、支払う必要はありません。

差額ベッド代を支払う必要があるのは、

- **同意書にサインをした場合**
- **患者自らが希望した場合**

1日当たりの平均差額ベッド代

1人部屋	7,828円
2人部屋	3,108円
3人部屋	2,863円
4人部屋	2,414円
平均	6,155円

出典:厚生労働省　平成28年10月「第337回中央社会保険医療協議会・主な選定療養に係る報告状況」から

差額ベッド代の基準

1. 1病室4床以下
2. 面積が1人当たり6.4㎡以上
3. ベッドごとにプライバシーを確保する設備
4. 個人用の私物収納設備・照明・小机・いすの設置

POINT 原則、差額ベッド代は、健康保険適用外なのはもちろん、医療費控除にも適用外。額が大きくなるので、慎重に判断を

に限定されます。

　つまり、本人や家族が個室利用を希望したわけでなく、しかも同意書にサインをしていなければ支払い義務はないということです。

　しかし、同意書を提示されたら、どうすればいいでしょう。「同意できない」といえば、入院を受け入れてもらえない可能性もあります。難しい選択ですね。

　ざっくばらんに、「**支払えるだけのゆとりがありません**」と説明しましょう。それでも、どうにもならない場合は、同意書にサインするとき、その横にでも「6人部屋を希望します」と書き添えます。当面、個室料金が発生しても、お願いしておけば、空きが出た段階や、事情が許すようになれば6人部屋に移動させてくれるでしょう。

　差額ベッド代は、負担が大きいので、トラブルに発展することが多いようです。困ったことが起きたら、市区町村の後期高齢者医療保険担当、もしくは都道府県の医療保険課に相談しましょう。

3 あなたの親の医療費は1割？ 2割？ 3割？

負担割合は記載されている

70歳になると75歳になるまでの間、加入している健康保険組合から「**高齢受給者証**」が交付されます。これは病院窓口での自己負担割合を示す証明書で、所得の状況等により、1〜3割負担のいずれかが記載されています。

受診するときは、健康保険証とあわせて提示します。提示しなければ、一律、3割の支払いとなってしまいます（もし忘れた場合は、役所への申請によって、後から払い戻しを受けられます）。

75歳になると、自動的に、全員、**後期高齢者医療制度**に加入することに。誕生日までに「保険証」が送られてくるので、**75歳の誕生日当日から**そちらの保険証を使います。自己負担の割合が記されています。

支払いは限度額まで

自己負担割合は、1〜3割とはいえ、大きな負担となることもあります。

以前、筆者も入院・手術をした際、事前に健康保険組合に連絡して、「限度額適用認定証」を交付してもらいました。支払いは、自身の所得に応じた限度額までとなるので助かりました。

高齢者の場合は、原則、「高齢受給者証」または、「後期高齢者医療保険証」を提示するだけで、**限度額までの支払い**に。ただし、非課税世帯の親の場合は、「**限度額適用・標準負担額減額認定証**」（P028）を提示することで減額されます。

また、P029で説明した通り、複数の医療機関にかかり、合算すると限度額を超えるケースでは、後から**高額療養費**として払い戻しを受けられます。

75歳からは後期高齢者医療制度に加入

それまで加入していた国民健康保険や
職場の健康保険、共済組合等から抜け、
自動的に後期高齢者医療制度に全員加入（手続き不要）

対象

★75歳以上
（75歳の誕生日当日）

★65歳以上75歳未満の一定の障害がある人
（要認定）

子供の健康保険の扶養になっていた親も75歳からは扶養を抜けて後期高齢者医療制度に

医療費の一部負担（自己負担）割合

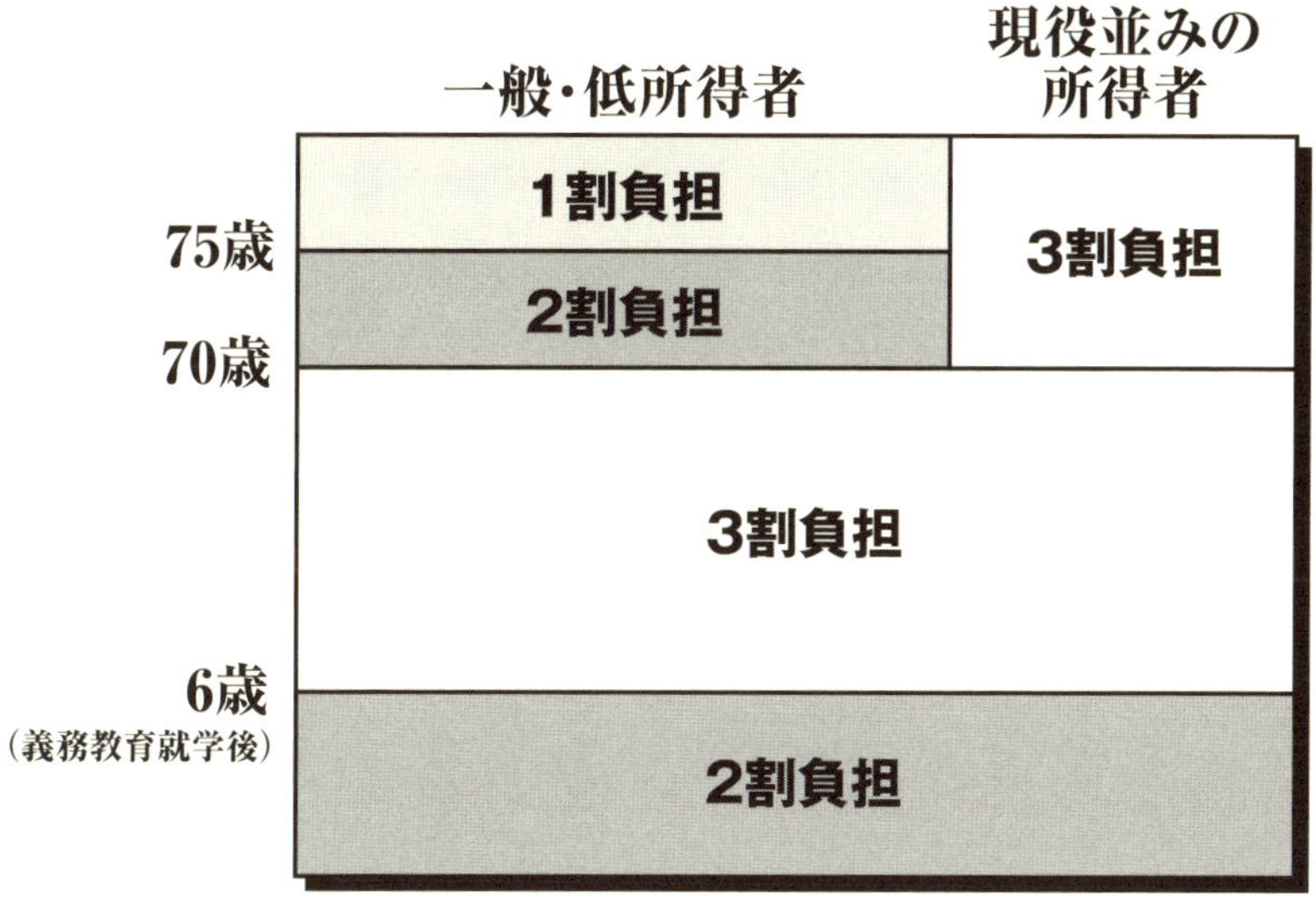

4 例えば、「脳卒中」での医療費はいくら？

入院期間は半年ほどとなるケースも

高齢の親に介護が必要となる原因で**もっとも多いのは「脳血管疾患」**です。国民生活基礎調査（平成25年）によると、次いで多いのは、「認知症」、「高齢による衰弱」、「関節疾患」等。

脳血管疾患にはいろいろな種類がありますが、よく知られているのが脳卒中です。もしあなたの親が脳卒中で倒れたら、通常、左上のような流れをたどることになります。

最初は、緊急・重症な状態にある患者に対して入院・手術・検査等高度で専門的な医療を提供する急性期病院に運ばれます。その後、リハビリを専門とする**回復期リハビリテーション病院**に転院。入院期間は、病気の重篤度によって、**150日以内、もしくは180日以内**と決められています。

ざっくり左下のような費用がかかります。結構かかりますね。所得によって、医療費と食事代は減額されます（Ｐ０２８）。

そして、「高額医療・高額介護合算療養費制度」（Ｐ０３２）を使えば、さらに軽減できるケースもあります。また、おむつの持ち込み可能な病院も。自治体によっては、おむつ代の補助をしているので確認しましょう（Ｐ０２０）。

心配事は医療相談室（地域連携室）で

入院中の費用や、転院先、退院後のこと等不安があれば、病院の**医療相談室**で相談を。病院によって、名称は、「**地域連携室**」等異なりますが、医療ソーシャルワーカーが対応してくれます。

実際、「医療ソーシャルワーカーから、食費の減額のことや転院先のことを教えてもらって助かった」という声をよく聞きます。

親が脳卒中で倒れた場合の流れ

救急車で急性期病院に運ばれる

↓ ※約1か月後

回復期リハビリテーション病院に転院

↓ ※通常150日以内。重症の場合は180日以内 ↓

在宅介護　　施設に入居しての介護

POINT 回復期リハビリテーション病院では、病気やケガの種類によって、入院できる期間が決まっている

入院にかかる費用例（一般家庭/1か月）

★医療費…………5万7,600円（4か月目から4万4,400円）

★食事代…………4万1,400円（1食460円×3回×30日 4か月目から軽減）

★差額ベッド代……6人部屋なら不要

★おむつ代…………3万円（例：1日1,000円×30日）

★家族の交通費……2万円（例：タクシー代等）

計14万9,000円

5 医師や看護師に自宅に来てもらうと高い？

「往診」と「訪問診療」、2つの方法がある

親が在宅で療養することになった際に、状態によっては通院が困難な場合もあるでしょう。そのようなときには、医師の方から親の自宅を訪問してくれる「在宅医療」を利用することができます。**「往診」**と**「訪問診療」**の2つの方法があります。

1つ目の「往診」は、昔から行われていた方法なので聞いたことがあるのではないでしょうか。急変時等に患者や家族の要望を受けて不定期に行う在宅医療のことです。

2つ目の「訪問診療」は、患者が平穏に療養生活を送れるよう、**あらかじめ立てた診療計画**をもとに、同意を得て定期的に訪問するスタイルです。在宅での療養はグッと安心できるものとなります（保険診療上の制度により、訪問診療は月2回以上）。

訪問医が見つからない場合は、入院先の病院の医療相談室で相談するか、親の暮らす地域を担当する地域包括支援センターや保健所で聞きましょう。また、全国在宅療養支援診療所連絡会のホームページの「会員リスト」からも、すべてではありませんが確認できます。

もともと親がかかっていた医師が、訪問診療も行っているケースもあるので問い合わせを。

1割負担なら月7000円程度

訪問診療をする診療所のなかには、**「在宅療養支援診療所」**と呼ぶ、**24時間365日体制の診療所**があります。看護師が所属する訪問看護ステーションや、介護の専門職であるケアマネジャー等と協力しながら、在宅の患者に対して、必要なときに往診し、必要な治療を提供します。入院できる病床を常に確保しているのも特徴です。

！ 一般社団法人全国在宅療養支援診療所連絡会
http://www.zaitakuiryo.or.jp/

「訪問診療」でかかる料金目安

1割負担、月2回訪問 7,000円前後/月

利用できるのは

★継続的な治療が必要だが、通院が困難な親
★急性期の治療が終わり、早期退院をするために支援が必要な親
★がん等により、終末期の親
★最期まで自宅で過ごしたいと希望している親

訪問診療にかかる費用は、ざっくりですが、1か月に2回で院外処方箋を交付する場合、およそ**7000円（1割負担）**。高額療養費の対象となるので（P028）、その範囲でしか料金はかかりません。待ち時間がないうえ、通院時のタクシー代が不要であることを考慮すると、高くない金額だと思います。医師の交通費については、請求する病院としない病院があります。

一方、医師ではなく、**看護師**に訪問してもらいたいという親もいるかもしれません。訪問看護は、**介護保険**を利用する方法と**医療保険**を利用する方法があります。

いずれにしても、医師の指示のもとでの看護となるので、希望する場合は、かかっている**医師や担当のケアマネジャーに相談**してください。在宅療養支援診療所の医師であれば、こちらからお願いしなくても協力体制を築いてくれるはずです。介護保険を利用する場合は、介護保険の自己負担割合分の料金を、医療保険を利用する場合は、医療保険の自己負担割合分を支払うことになります。

6 末期がんでホスピスに入る料金は？

通院・在宅でも受けられる緩和ケア

がんによる身体的・精神的な苦痛をやわらげるためのケアを「**緩和ケア**」と呼びます。

いわゆる「ホスピス」は、緩和ケアを専門に行う緩和ケア病棟のことです。全国どこでも質の高いがん医療を受けられるよう、全国にがん診療連携拠点病院が401か所、地域がん診療病院が36か所あります（平成30年4月1日現在、厚生労働省）。その多くに**緩和ケア病棟**があるほか、大きな病院では設置しているところがかなりあります。

しかも現在では、緩和ケアを受けることができるのは緩和ケア病棟だけではありません。緩和ケア病棟のない病院であっても、**専門の緩和ケアチーム**を設置しているところがあります。

また、緩和ケアを自宅で受けることもできます。病院の「**緩和ケア外来**」に通院したり、訪問診療による「**在宅緩和ケア**」を受けたりしながら、最期まで自宅で過ごす人が増えています。

不安なことや分からないことがあれば、かかっている病院の医療相談室で相談してみましょう。特に、がん診療連携拠点病院等に設置されている「**がん相談支援センター**」では、その病院にかかっていなくても**無料**でがんに特化した悩みを相談できます。所在地は、国立がん研究センターの「がん情報サービス」で調べることができます。

1日約5万円×自己負担割合

厚生労働省から「緩和ケア病棟」として承認を受けた病棟に入院して緩和ケアを受ける場合、医療費は定額制となっています。左の通り、1日5万円ほどで、自己負担割合分を負担することになります。

1割負担なら5000円。結構な額ですが、心

国立がん研究センター「がん情報サービス」一般の方向けサイト
http://ganjoho.jp/public/

緩和ケア病棟の入院費用

医療費（約5万円/日）	×	入院日数	×	医療保険自己負担率
				＋
				食事代（460円/1食 × 1日3食 × 入院日数）

※その他差額ベッド代がかかる場合も

POINT

保険適用の医療費は、いくらかかろうが、所得に応じた自己負担限度額の範囲まで。住民税非課税世帯の親なら、食事代も軽減

配は無用。**所得に応じた限度額まで**の支払いとなります（Ｐ０２８）。一般病院と同じく、70歳以上の親なら、手続きをしなくても、病院での支払いは上限額まで。

また、これまでかかっていた病院で緩和ケアチームによる診療を受ける場合は、**1日あたり4万円ほどが加算**されることになるので、その自己負担割合分を負担します。

在宅で緩和ケアを受ける場合は、どれだけ医師や看護師に訪問してもらうかで費用は変わりますが、いずれにしろ支払いは、所得に応じた限度額までとなります。

また、ルール5で紹介する**介護保険**のサービスは、65歳以上の高齢者のほか、定められた「特定疾病」により介護を要する状態になった場合にも利用できます。**「末期がん」は特定疾病**に含まれるので、**65歳以上の親はもちろん、未満であっても**、介護ベッドや車いすのレンタル、ホームヘルプサービス等を利用できますから、地域包括支援センター（Ｐ０９２）に相談してみましょう。

7 延命治療の費用はどれくらい？

人工呼吸器利用は個室が一般的

ルール4をここまで読み、医療にかかる料金は、医療保険の対象となるものであれば、**いくらかかろうが、所得に応じた自己負担上限額まで**と理解し、少しは安心していただけたと思います。

延命治療にしても、同じことが言えます。高齢者が受ける延命治療の代表的なものは3つです。

1、人工呼吸器における延命処置

2、点滴や胃ろうによる人工栄養法による延命処置

3、人工透析による延命治療

このうち、3の人工透析を受けている場合、申請すれば「**身体障害者1級**」に認定されることが多いようです。そして、多くは、健康保険による自己負担分の**医療費がすべて無料**となります。1の人工呼吸器、2の点滴や胃ろうの処置でも、状態によっては障害者と認定されるケースもあるので、病院の医療相談室や役所の障害福祉の窓口で相談してみましょう。

しかし、医療費はゼロになっても、保険外の費用は全額自己負担となります。特に、人工呼吸器をつけた場合、**「個室」に入るよう**に指示されることが多いようです。P076で書いたように、ですが、同意書にサインをしなければ支払い義務はないのですが、放置もできず、サインをするケースが多いでしょう。厚生労働省の通達も、法的拘束力のない、あくまで通達。病院によって、個室の料金は異なりますが、重くのしかかることになります。1か月30万円くらいになることが多く、それ以上となることも……。

人工呼吸器の取り外しができるケースも

2000年代初期の頃、医師が人工呼吸器を外

「生命維持治療の差し控え、中止」（樋口範雄）
http://www.med.or.jp/doctor/member/kiso/d28.html

親に確認しておきたいこと

もし、病気や事故により
現在の医学による治療では回復が見込めず、
すでに死期が迫っていると診断され、
明確な意思表示ができない状態になった場合、どうしたいか？

①できるだけの治療を望む

②延命治療は望まない

③今は、分からない

万全ではないが、聞いておきたい。できれば、書面を作成し、日付の記入と署名をしてもらえると安心

出典：高崎医療センター「私の意思表示ノート」http://www.tnho.jp/livingwill　ダウンロード可能

し、殺人罪に問われたケースが相次いだことを覚えている人も多いのではないでしょうか。しかし、人工呼吸器をつけることで、さまざまな負担が生じることにもなります。何より、本人が望んでいるのかどうか……。

日本救急医学会は2007年に「**救急医療における終末期医療に関する提言**」を策定しています。薬物注入等による安楽死は禁じていますが、**人工呼吸器の取り外し**や血圧を上昇させる昇圧剤の減量、人工透析停止といった延命中止行為を選択肢として認めています。実際、医療現場では、人工呼吸器等の取り外しが行われるケースが少しずつ増えているようです。日本医師会のウェブサイトでも「生命維持治療の差し控え、中止」という論考で、「**もはや法律問題とはされていない**」と論じています。

呼吸器等の取り外しは、家族にとっても苦しい決断となるので、**親が元気なうちに**、もしもそういう事態になったらどうして欲しいか、聞いておくことが大切だと思います。

コラム4

入院中の洗濯、どうする？

入院すると、病院から「洗面用具や湯飲み、スリッパ等、これだけのものを揃えてください」と指示されます。計画的な入院であれば、事前に準備できますが、救急車で搬送されたとき等は焦ることになります。

ある程度の規模の病院であれば、病院内に売店があり、そこで購入できます。病院内に売店はなくても、近所のコンビニ等で売っていることもあります。さらに、寝間着はレンタルを選べば洗濯の手間を省くことができるでしょう。レンタルはなくても、多くの病院で「洗濯代行サービス」を実施しています。

親が入院した場合、気持ちはあっても、仕事の都合等で頻繁には行けないこともあるでしょう。介護保険でホームヘルプサービスを利用していても、入院中の利用は不可。病院内にも適当なサービスがない場合は、民間サービスの利用を検討するのも一案です。

入院時の買い物や洗濯、見守り等をパックにして提供している企業があります。昔からある「家政婦紹介所」でもOK。ネットで「入院／サービス」と検索するとヒットします。社会福祉協議会でもサービスを提供しているところがあるので確認を。民間企業のサービスだと１時間当たり3,000～5,000円ほど。社会福祉協議会のサービスであれば１時間当たり1,000円前後。家政婦紹介所だと、民間企業と社会福祉協議会の中間くらいの料金です。

ただし、地方によっては、こうしたサービスを見つけられないことも。ある女性は、「実家は田舎なので、サービスがありません。かといって、頻繁に通えない。そこで、２週間分の肌着を用意。汚れ物は引き出しに入れておいてもらいました」といいます。時には、こうした割り切りも大切だと思います。

ルール5…介護制度の基礎をおさえる！

★地域包括支援センター
★社会福祉士、主任ケアマネジャー、保健師等
★要介護認定の申請
★介護予防サービス、介護予防・生活支援サービス事業、一般介護予防事業
★ケアプラン
★住宅改修費の支給サービス
★福祉用具貸与
★上乗せサービス・横出しサービス

あなたのとこ介護保険は使ってる？
ええもちろん
うちは父が最初に入院したときに申請して退院前に住宅改修したの
お風呂と玄関に手すりをつけたわ
お得なものもあるわよね
20万円の工事が2万円でできたわ
20万円
2万円
P104へ!!

長崎（実家）
職場の先輩のとこは介護保険で風呂場の手すりをつけたらしいんだけど
お袋はなにかある？
そうだねぇ
できればお風呂の椅子がもう少し高いといいねぇ
低い所から立ち上がるのはしんどいからねぇ
P106へ!!
確かお風呂の椅子も介護保険で購入できた気がする
ケアマネジャーに相談してみるよ
P106へ!!

1 介護の相談から介護保険申請までの流れ

無料の相談窓口、地域包括支援センター

親になにがしかの支援や介護が必要だと感じたら、なるべく早く適切な助言をくれる機関に相談しましょう。延ばし延ばしにしていても良いことはありません。「こんな大変なことは、うちだけだ」と思うような事態も、介護の専門家は、たいてい遭遇し扱った経験があるはずです。

まず、「**地域包括支援センター**」に相談します。**社会福祉士**、**主任ケアマネジャー**、**保健師**等の専門職員が相談に対応します。役所の高齢者福祉課等に行ってもいいですが、具体的な相談となると、「地域包括に行ってください」といわれます。二度手間になるので、最初から地域包括に行く方がいいでしょう。

おおよそ中学校区に1か所、整備されており、住んでいる地区ごとで担当の地域包括が決まっています。

所在地が分からない場合は、親が暮らしている自治体の役所に「担当の地域包括支援センターの所在地を教えてください」と電話してください。自治体によっては通称をつけている所もありますが、同じものです。必ず、設置されています。

行ったら、介護保険制度や、その自治体で実施している**高齢者向けサービスのしおり**をもらっておくと、後々問い合わせがスムーズです。

介護保険の申請を行う

地域包括支援センターでは介護保険の**要介護認定の申請**を行うこともできます。流れはP094、095の図のようになっています。

介護保険は40歳以上の全員が強制加入している社会保険です。65歳以上の親であれば医療保険の保険証とは別に介護保険の保険証も持っていま

す。ただ、医療保険とは違い、保険証を持っているだけではサービスを利用することはできません。訪問調査等を経て、**「支援や介護が必要」との認定**を受け、ようやくサービスを利用することができるのです。

介護保険を利用するほどでない場合でも、**基本チェックリスト**による判定を行ったうえで（無料）、自治体が独自に行う事業のサービスを利用できるケースもあります。

無料で親を訪問し申請してくれる!?

日々、忙しいと、地域包括支援センターに出かける日程調整が難しいこともあります。親本人が行けないことも……。

介護保険の申請は、本人や家族が行うことが原則ですが、地域包括支援センター等が代行できることになっています。これを「**代行申請**」といいます。電話して、「親も自分も申請に行けないので、代わりにお願いします」といえば、親の家や入院先の病院に行って状態を確認のうえ、申請をしてくれます。**代行料は、無料**です。

申請してから、要介護度の判定が出るまでおよそ1か月かかります。親が入院中であっても、申請することはできるので、後手に回らないように迅速に行動したいものです。

訪問調査では74項目の聞き取り

申請をすると、調査員が親の家や入院中の病院を訪問し**74項目の聞き取り調査**が行われます。高齢の親は、自分1人でできないことも**「できます！」と答える傾向**があるので、認定調査の日は、仕事を休んででも付き添うことをお勧めします。実情と異なる答えをした場合は、「親はあのようにいっていましたが、実は……」と伝えれば、家族の意見として認定調査票に書き添えてくれます（親のプライドを傷つけないよう、要注意）。

認定調査と共に、**主治医の意見書**が参考にされ、要介護度が決まります。医師に意見書を書いてもらう費用は無料ですが、診察や検査が必要な場合は、医療保険にもとづく自己負担が発生します。

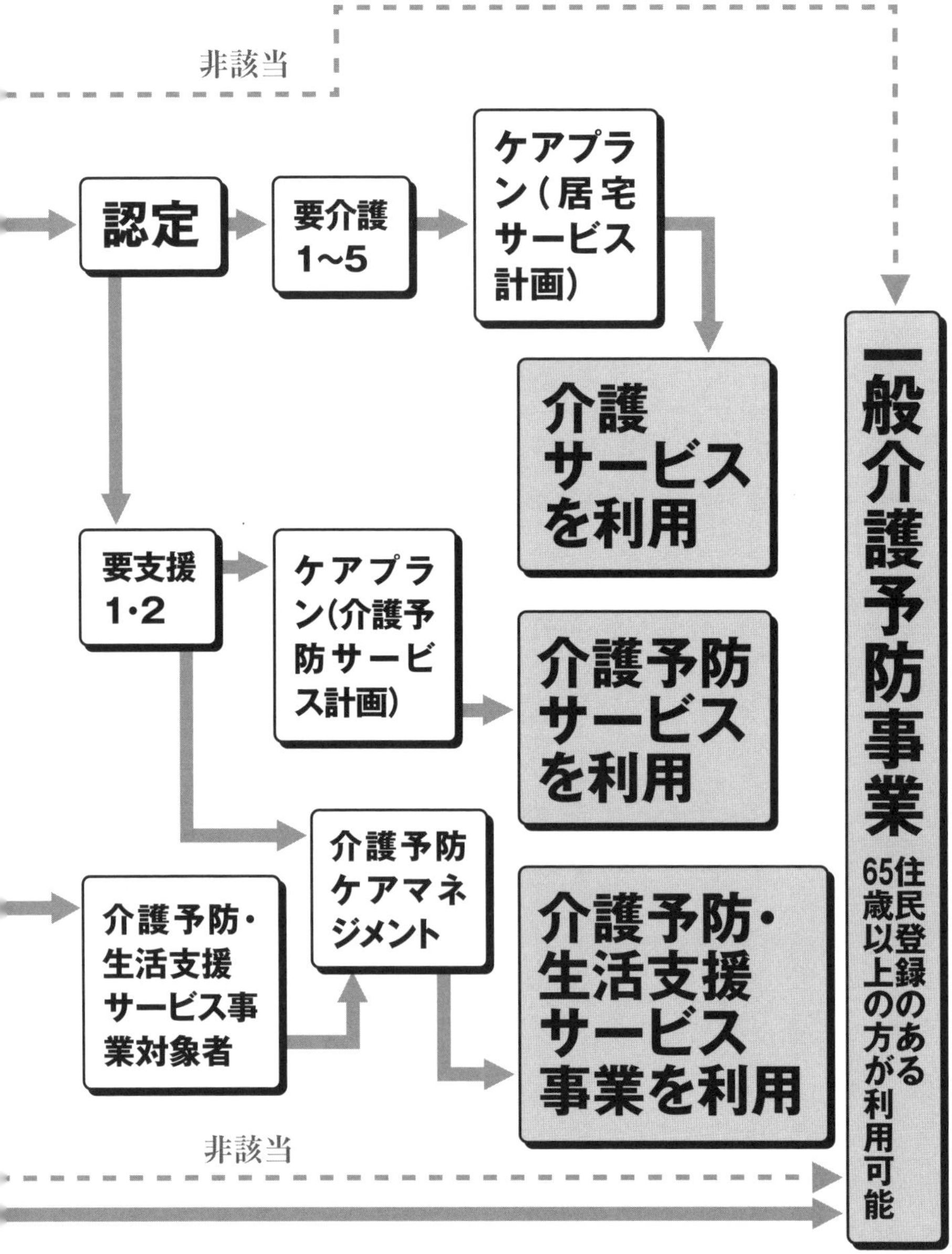
非該当
認定
要介護
1～5
ケアプラン（居宅サービス計画）
介護サービスを利用
要支援
1・2
ケアプラン（介護予防サービス計画）
介護予防サービスを利用
介護予防ケアマネジメント
介護予防・生活支援サービス事業対象者
介護予防・生活支援サービス事業を利用
非該当
一般介護予防事業
住民登録のある65歳以上の方が利用可能

介護保険サービス利用までの流れ

☆相談・申請・認定調査・ケアプラン作成……すべて無料！

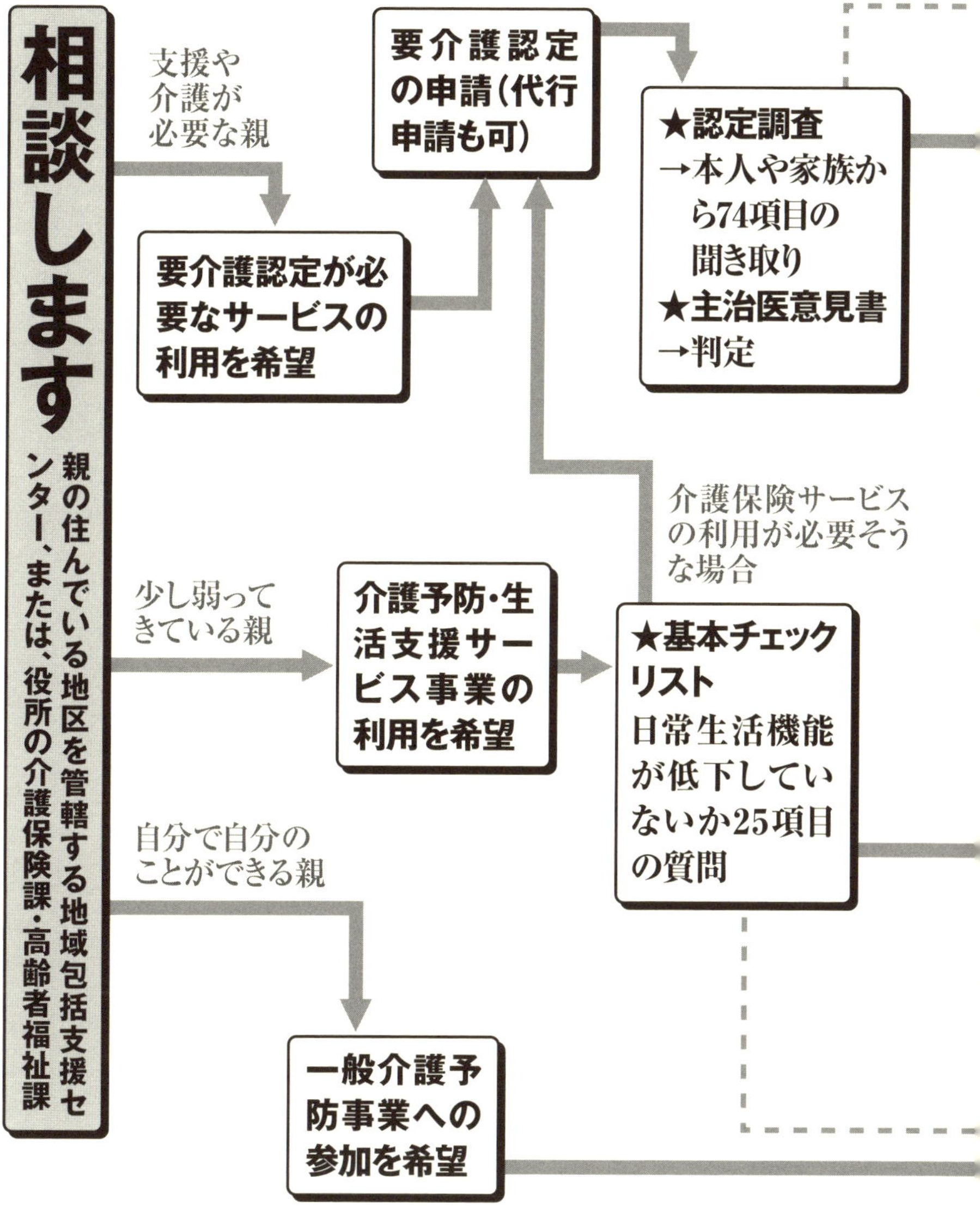

2 介護サービスは「介護保険」を柱に

介護保険サービスは自己負担が少ない

左の通り、介護保険制度では、支援や介護が必要な度合いを**7段階**に分けています。そして、在宅サービスを利用する場合、要介護度別に利用できるサービスの量（支給限度額）が決まっています。「支給」と言っても、お金をもらえるわけではなく、その金額の範囲でサービスを利用できるという「**現物給付**」です。

サービスの単価は「単位」（概ね1単位は10円ですが、地域によって多少異なります）で示され、支給限度額も「単位」で規定されています。

限度額の範囲内で在宅サービスを利用したときには利用者の所得によって自己負担割合は**1割もしくは2割（2018年8月からは3割の方も）**。介護サービス利用を検討するなら、まずは「介護保険」を第一に考えましょう。介護保険料を支払っているからですが、利用時の自己負担は少ないです。

ただし、限度額を超えてサービスを利用すると、**超えた分は全額自己負担**となります。

認定結果で受けられるサービスは異なる

前ページの図の通り、認定結果が「要介護1～5」だった場合は、介護保険の「**介護サービス**」を、「要支援1・2」と認定された場合は、「**介護予防サービス**」、「**介護予防・生活支援サービス事業**」を利用することに。支援や介護は必要ないとする「非該当」でも、「**一般介護予防事業**」を利用できます。**65歳以上のすべての人が対象**となるものです。

これらの区分けが非常に煩雑ですが、地域包括支援センターに行けば、資料が置かれています。分からないことは窓口で聞きましょう。

要介護度別の心身の状態（目安）

要介護度…要支援1
日常生活の能力は基本的にあるが、身の回りの事をするのに一部介助が必要

要介護度…要支援2
要支援1の状態から能力が低下し、何らかの支援や介護が必要

要介護度…要介護1
食事、トイレ等はできるが入浴等に一部介助が必要。立ち上がり等が不安定

要介護度…要介護2
トイレ、入浴等に一部もしくはすべて介助が必要。起き上がりが自力で困難

要介護度…要介護3
トイレ、入浴、着替え等で全介助が必要。起き上がり、寝返りが自力で困難

要介護度…要介護4
トイレ、入浴、着替え等多くの行為で全介助が必要

要介護度…要介護5
生活全般にわたって全面的な介護が必要な状態。意思伝達も困難

要介護度別の支給限度額

要介護度	支給限度額
要支援1	50,030円
要支援2	104,730円
要介護1	166,920円
要介護2	196,160円
要介護3	269,310円
要介護4	308,060円
要介護5	360,650円

※1単位10円で計算

POINT

要介護度に応じて、1か月あたりの限度額が決まっており、超過分は全額自己負担

3 あなたの親は1割？　2割？　3割？

年収の多い親は2割か3割

介護保険のサービスを利用する場合、自己負担は**原則1割**ですが、一定の所得（単身で年金収入のみの場合年収280万円以上）がある場合は2割となっています。2018年8月からは、**現在2割負担の人のうち「特に所得の高い層」は3割負担**となります。単身で年収340万円（年金収入のみでは344万円）以上、夫婦世帯での年収463万円以上。利用者の3％に当たる約12万人が該当します。

ただ、対象者が必ず2割もしくは3割分を負担しなければならないかといえば、そのようなことはありません。介護サービスには自己負担の月額上限を設ける「高額介護サービス費」の支給制度（P030）があるので、**負担が増えないケース**もあります。また、負担割合は個人ごとに決まるので、両親が揃っている場合、**それぞれ負担割合が異なるケース**もあります。

子世代の介護保険料もアップ

同時期、**40～64歳が支払う保険料**も変わります。収入に応じて負担が増す「総報酬割」という計算方法が20年度にかけて段階的に導入されます。大企業の社員や公務員ら約1300万人は負担が増え、中小企業の社員など約1700万人は負担が減る見込みです。

こうした制度変更の背景には、「**2025年問題**」があります。「団塊世代」が75歳に達するその年、総人口の4人に1人が75歳以上の後期高齢者となり、社会保障費は急増。少子高齢化により、**若い世代ほど、経済的に厳しい現実**に直面することとなるでしょう。このことからも、「**親の介護には親のお金を使おう**」と提案したいのです。

所得の多い親は2割、3割負担

（2018年8月より）

年金収入等	負担割合
340万円以上（※1）	2割→3割
280万円以上（※2）	2割
280万円未満	1割

※1 単身のケース。夫婦世帯は463万円以上
※2 単身のケース。夫婦世帯は346万円以上

2025年問題とは……

働き手（20～64歳）と高齢者（65歳以上）の比率

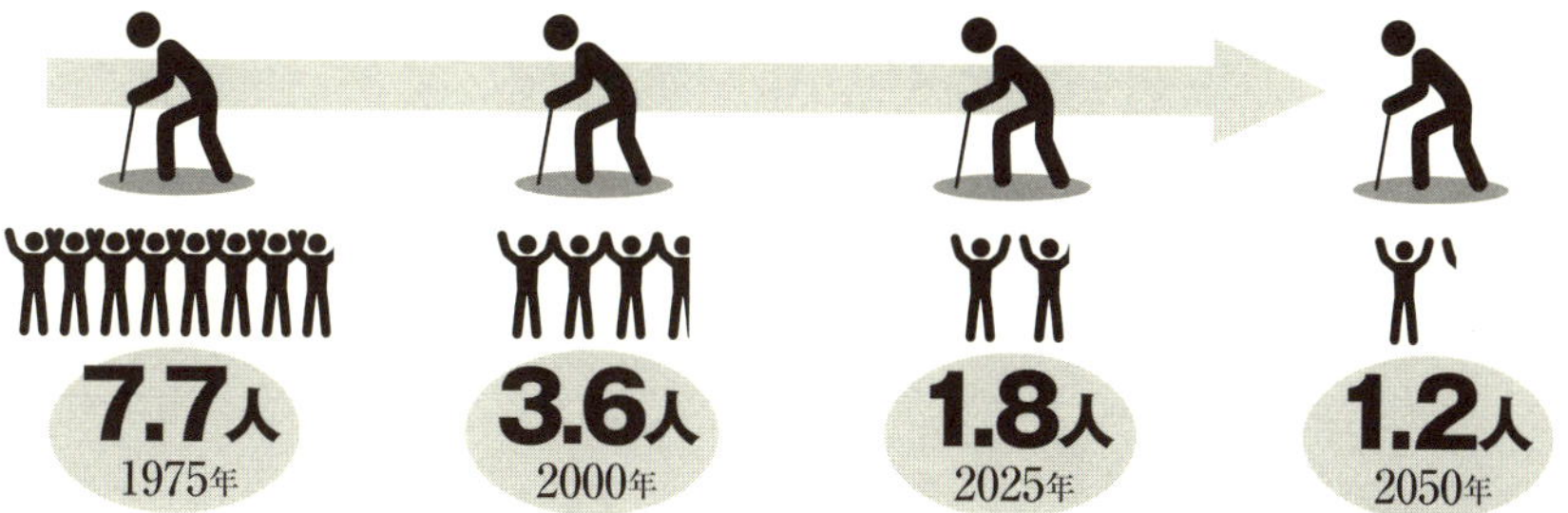

出典：国税庁

2025年には65歳以上の人1人を20歳から64歳の人1.8人で支えることに

少子高齢化の問題の1つは、社会保障関係費が増えていくことであり、もう1つは、その費用を負担する担い手が減っていくことです

4 ケアプランってナニ？ 費用は？

ケアプラン作成は無料

介護保険の認定結果が出ても、すぐにサービスを利用できるわけではありません。認定結果をもとに、その人にとって、「**どのようなサービスが**」「**いつ**」「**どのくらい必要か**」というプランニングをしてから、サービスを使うことになります。このサービス計画を**ケアプラン**と呼びます。

では、このケアプランは誰が立てるのでしょう。本人や家族が作成することもできますが、専門職に作成してもらうのが一般的です。

要支援１・２の親は、地域包括支援センターに依頼しケアプランを作成してもらいます。非該当の親の担当も地域包括支援センターです。**要介護の親は、ケアマネジャー**に依頼して作成してもらいます。また、施設に入居する親は、施設に所属するケアマネジャーに作成してもらいます。

「ケアマネジャーって、誰？」という声が聞こえてきそうです。ケアマネジャーとは、**介護支援専門員**とも呼ばれ、簡単にいえば介護保険のプロで、地域にある民間の介護事業所に所属しています。

そして、いよいよケアプランの作成。自己負担はなく、**無料で作成**してもらえます。

ケアマネジャーはあとから変更可

要介護となった場合、どのケアマネジャーに依頼すればいいのか迷います。通常、認定結果と一緒にケアマネジャーが所属する**事業所の一覧表**をもらえますが、初めてのことだと頭を抱えてしまいがちです。

親の自宅近くの事業所に電話をして、「ケアプランを立てて欲しいのですが」と問い合わせる人が多いようです。「近所じゃないけど、お世話になっている病院に併設していたから」という声も

ケアマネジャーと向き合うときは……

「仕事を辞めるつもりはない」
「同居はできない」等、家族の事情を話す

月々、いくらくらいまで介護費用を
支払えるか予算を提示する

「おまかせします」の姿勢ではなく、
どのような介護プランが親にとって
最適か一緒に考える。意見をいう

POINT 困っていることや分からないことは、ざっくばらんに相談！

聞きます。電話の対応がイマイチなら別の事業所に電話。違和感がなければ、親の自宅に来てもらって話をし、納得すれば契約という運びになります。

「いいケアマネジャーの選び方」について、筆者も別の著書で記述していますが、実際は、最初の段階で見極めるのは難しいと思います。相性もありますから。選ぶことに時間を取られるよりは、**最初は、受け身でもいい**でしょう。話すうちに、少しずつ、介護保険の制度やサービスについて理解できるようになるはずです。**ざっくばらんに相談し、遠慮なく意見**もいってください。

安心してください。**あとから変更できます**。付き合ってみて、嫌だと思えば、別の事業所に当たればいいのです。よく分からない場合は、地域包括支援センターで「ケアマネジャーの変更をしたい」と相談してもいいでしょう。嫌だとはいいにくくても、**「親との相性が悪い」**と言えば、角も立ちません。変更に伴う費用も発生しません。

5 要介護度は高い方が得？ 低い方が得？

どちらが得とはいい切れない

Ｐ０９７の表を見ると、介護の度合いが低いと支給限度額が低く、高くなるにつれて額がアップすることが分かります。「現金給付」で現金をもらえるなら、経済的な面のみを考えれば、要介護度が高い方が得だといえますが、実際は「現物給付」です。

しかも、サービスの中には、**要介護度が高い方が「単位」が高く**設定されているものもあります。左は、通所介護（施設に日帰りで通い、介護を受けるサービス）で７時間のサービスを受けた場合の１回あたりの費用です。**要介護１は約６５０円ですが、要介護５だと約１１３０円**。実際、要介護度が下がり「費用負担が減った」と胸をなでおろす子供に会うことがあります。と、文章で読んでも理解しにくいですね。事例で説明しましょう。

【Ａさんの母親／要介護１】１割負担
【Ｂさんの母親／要介護５】１割負担

デイサービスやショートステイを使った場合の負担額は、左の通りＢさんの母親の方が高くなります。しかし、Ｂさんの母親は介護ベッドをレンタル可能。Ａさんの母親が介護ベッドを使いたいなら、全額自己負担に。**損得はいい切れませんね。**

施設介護も要介護度が高いと料金も高い

施設介護を選ぶ場合も、要介護度によって介護サービス費用は異なります。特別養護老人ホームでも、介護にかかる費用は要介護度が高くなるほど、料金は高くなります。

ざっくりとした例ではありますが、巻末Ｐ１５７に、実際施設でかかる費用の目安を紹介します。参考にしてください。

要介護度によりサービス費用は異なる

例：通所介護（要介護1〜5）
サービス提供区分7時間以上8時間未満

（1割負担の場合）

要介護1	645円/日
要介護2	761円/日
要介護3	883円/日
要介護4	1,003円/日
要介護5	1,124円/日

※2018年度単価、1単位10円で計算

要介護度の「損得」はいい切れない

	Aさんの母親…要介護1 保険内自己負担上限： 16,692円	Bさんの母親…要介護5 保険内自己負担上限： 36,065円
デイサービス （1回7時間以上8時間未満）	自己負担目安： 約650円+食事代	自己負担目安： 約1,130円+食事代
ショートステイ （1日）	自己負担目安： 約630円+食事代+滞在費	自己負担目安： 約900円+食事代+滞在費
ホームヘルプサービス 身体介護 （30分以上60分未満）	自己負担目安： 約400円	自己負担目安： 約400円
福祉用具	介護ベッドのレンタル不可 （利用するなら全額自己負担）	介護ベッドレンタル可 自己負担：約1,000円（月）
特別養護老人ホーム（P116）	入居申し込み不可	入居申し込み可
介護老人保健施設（P117）	入居申し込み可	入居申し込み可

POINT 要介護度が上がれば、1回ごとの単価が高くなるサービスもある

6 手すりを付けたり、段差を撤去する費用は？

20万円の工事なら自己負担2万円

65歳以上の親世代が最もケガをしやすいのは自宅です。安心なはずの自宅が、意外と危険？

事故が発生しやすいのが「**居室**」45％、以下「階段」18・7％、「台所・食堂」17％と続きます（平成28年版高齢社会白書）。実際、わずかな段差でつまずいて転倒し、大腿骨骨折なんて話を頻繁に聞きます。

介護保険で、要支援や要介護の認定を受けると、要介護度にかかわらず、必要に応じて**住宅改修費の支給サービス**を利用することができます。費用は、**20万円（税込）**まで。１割負担の親が20万円の工事をすると、自己負担は２万円です。

入院していた親が、在宅復帰をする場合、入院中に申請・工事をすることもできます。

ただし、このサービスを利用するにはいくつかの決まり事があるので注意しましょう。

◆注意するポイント

・**工事前の申請**が必須。勝手に工事をした場合は、対象とはなりません。

・対象となるのは、**親の住民票のある自宅**のみ。（子供の家に移ってきた場合などは、住民票を移動すれば可能）

・現在の住所に住み続ける限り原則として１人20万円。「介護の必要の程度」の段階が初回の住宅改修の着工日から３段階以上上がった場合や転居した場合は、再度申請可。

・支給限度額を**超えた分は全額自己負担**に。（例えば、改修費用が25万円で負担割合が１割の場合：自己負担額は２万円＋５万円の計７万円）

20万円まで介護保険での住宅改修可

❶手すりの取付け

❷段差の解消

❸滑りの防止及び移動の円滑化等のための床または通路面の材料の変更

❹引き戸等への扉の取替え（扉の撤去を含む）

❺洋式便器等への便器の取替え

❻その他上記に付帯する必要な工事

両親とも認定を受けていれば2人分で40万円！　合計額が上限になるまで複数回に分けて工事することもできる

自治体の改修助成を併用すれば得

自治体によっては、介護保険の住宅改修とは別に、**住宅改修を助成**しているところがあります。例えば、兵庫県明石市では、介護保険で「要支援・要介護」と認定され、市が必要だと認めると、介護保険住宅改修費等と合わせて100万円までの工事費の助成を受けられます。新潟県上越市では、諸条件がありますが30万円を上限に補助しています。同じく諸条件はありますが、鹿児島市での上限は66万6000円です。

介護保険の住宅改修と併用すれば、より広い範囲を改修できる可能性があります。

こうした自治体の取組は、**対象者も助成の範囲も異なる**ので、個別の情報収集が必須です。そもそも住宅改修に対するサービスは介護保険のみの自治体もあります。役所や地域包括支援センターでも教えてくれますし、親の担当ケアマネジャーに聞いてもいいでしょう。せっかくある助成なら、ぬかりなく利用したいものです。

7 車いすや介護用ベッドは購入？　レンタル？

1割負担の親ならレンタルが得

親が自立した生活を送れるように、介護用の電動ベッドや車いすの利用を検討することがあるかもしれません。介護保険のサービスには、「**福祉用具貸与**」といって、そうした用具を貸し出すサービスがあります。家族の介護の負担軽減にもつながると好評です。

福祉用具貸与の対象は左の通りで、要介護度に応じて異なります。例えば、親が寝たり起きたりの動作が不自由になってきたり、おむつを利用したりするようになったら、介護用ベッド（特殊寝台）を利用するとスムーズです。電動モーターによって、スイッチ1つでベッドの高さや背上げの調節等を操作できます。

さて、その場合、購入かレンタルか？

要介護度2以上の親は1～3割の自己負担でレンタルできます。もし、**購入**するなら、介護保険は適用されないので**全額自己負担**です。

介護用の電動ベッドの月額レンタル料金は、メーカーや性能によって異なりますが、マットレスとあわせて、1割負担の親なら**月1000円**少々が目安。購入すると、**10万円以上**するので、レンタルを選ぶ人が多いです。

介護保険の自己負担割合が2割以上の場合で長期利用となりそうなら、どちらが得ともいえないケースも出てくるでしょう。しかし、レンタルであれば、**不具合が生じれば、その都度修理や交換**が可能なので安心です。購入後に、施設介護を選ぶと、粗大ごみになりかねません。保証期間なども勘案したうえで、比較検討したいものです。

原則、**介護用ベッドや車いすは要介護2**にならないと借りることはできません。が、それより低い要介護度でも必要性があると認められると、特

さまざまな福祉用具が借りられる

❶…特殊寝台及び付属品
❷…床ずれ防止用具
❸…体位変換器
❹…手すり
❺…スロープ
❻…車いす及び付属品
❼…歩行器
❽…歩行補助杖
❾…移動用リフト
❿…徘徊感知機器
⓫…自動排泄処理装置

注意
1、2、3、6、9、10…要支援1・2、要介護1は対象外
11……………………要支援1・2、要介護1・2・3は対象外

例としてレンタルできるケースもあるので、担当のケアマネジャーに相談しましょう。

期間限定の無料レンタルも

期間限定ではあるものの、介護用ベッドや車いすを**無料で貸し出し**ている自治体もあります。入院していた親が退院となったけれど、当面の自力歩行は困難等の場合は借りられれば得です。地域の社会福祉協議会が窓口になっている自治体も多いので問い合わせてみましょう。

肌に触れる用具は年10万円分まで購入可

介護保険では、**入浴やトイレ**に用いる、貸与になじまない福祉用具に関しては、**購入**することができます。例えば、ポータブルトイレやシャワーチェア等です。

毎年4月1日から翌年3月末日までの1年間で**10万円（税込）**まで。限度額を超えた分は全額自己負担となります。1割負担の親なら、10万円分購入すると、支払いは1万円です。

8 在宅での上乗せサービス、横出しサービスって？

国基準より利用限度額が高い自治体もある

介護保険には要介護度によって利用できる限度額が決まっていることは、すでに述べた通りです。そんななかでも、自治体によっては、**上乗せサービス・横出しサービス**と呼ぶ独自サービスを実施しているところがあります。上乗せサービスとは、通常の介護保険の利用限度額以上のサービスを、自治体が**独自の判断で財源から負担**して提供するものです。居宅サービスや住宅改修費等の限度額を国の基準よりも高く設定しています。

例えば、愛知県高浜市は、要介護1～5の限度額を高くしています。要介護1の国の限度額は1割負担で1万7000円ほどですが、高浜市は2万2000円ほど。住宅改修も、20万円の限度額に10万円（重度の者であり広範囲の改修が必要な者にあっては30万円）の上乗せを行っています。

財政的にゆとりのある自治体は多くなく、上乗せサービスを実施しているところはわずかです。ただし、「**住宅改修**」に関しては設定しているところが珍しくないので確認してみましょう。

配食サービスやおむつ支給＝横出し

一方、通常の介護保険では給付対象外にあたるサービスを、市区町村が独自の財源から負担して提供しているのが「横出しサービス」です。例えば**配食サービスやおむつの支給**等、多くの自治体が実施しています。

なかには、介護認定を受けていない自立の高齢者に対しても、横出しサービスとして住宅改修費の支給を行っているところもあります。

自治体提供のサービスに限らず、社会には、**民間サービスも含めると幅広いサービス**があります。情報を集め、賢く活用したいものです。

上乗せサービスと横出しサービス

② 上乗せサービス
★支給限度額アップ
★住宅改修の範囲を広げる 等

①＋②＋③
＝自己負担額の合計額

公的介護保険から給付

① 1～3割自己負担

③ 横出しサービス
★配食サービス
★おむつの支給 等

↑ 公的介護保険の利用限度額

横出しサービスの例

★紙おむつ等の支給、購入費助成
★出張理美容サービス
★寝具の洗濯サービス
★配食サービス
★徘徊高齢者位置情報サービス
★住宅改修費助成
★火災安全システム
★緊急通報システム
等

コラム5

ボランティアのサービスって？

介護サービスは「介護保険」を柱に、と書きました。

ルール7で全額自己負担の自費サービスについて紹介しますが、その他に非営利サービスもあります。

社会福祉協議会（必ず親の地元にもあります）では、「住民参加型」の在宅サービスを行っているところが多いです。生活協同組合や農業協同組合にも実施するところがあります。サービスを利用する人も提供する人も同じ地域に住む住民。「みんなで互いに助け合おう」という趣旨で、家事援助等を行うものです。定期的に、高齢者の食事会を開くところも。地域のNPOやボランティア団体が実施しているところもあります。

その多くは、「有償ボランティア」と呼ばれ、費用が発生します。地域にもよりますが、1時間当たり600円から1,000円くらい。介護保険制度のホームヘルプサービスと違って、お願いできるサービス内容に縛りが少ないといえます。要介護認定を受けていなくても使えます。話し相手として来てもらうことも可能です。

また、東京都の中野区社会福祉協議会のように、「電球の交換ができない」、「重いものが動かせない」等のちょっとした手伝いを実費のみで利用できるところも（中野区社会福祉協議会「高齢者困りごと支援事業」）。

親の暮らす地域にどのようなボランティアサービスがあるか？地域包括支援センターか地元の社会福祉協議会に聞きましょう。また、各地域にあるシルバー人材センターのサービスも、元気な高齢者の社会貢献的な趣旨のもと、非営利で行われているので、市価よりリーズナブル。障子の貼り換えや植木のせん定が、人気のようです。

ルール6…施設は「安い」「高い」だけで決めない

★特別養護老人ホーム
★介護老人保健施設
★介護医療院
★ケアハウス
★小規模多機能ホーム
★有料老人ホーム
★サービス付き高齢者向け住宅
★グループホーム
★介護サービス情報公表システム
★入居一時金
★入居金保全措置
★クーリングオフ
★重要事項説明書

その後お母さんの介護はどう？
先輩に聞いてすぐ風呂場に手すりをつけて椅子も買いました
先輩の方はどうですか？
うちは父の施設を探しはじめたわ
施設？
もう自宅には戻れないと思うの
だから看取りまでしてくれる施設を探してるのよ

……そうですか……
でも……施設で看取りまでしてくれるんですね
P122へ!!
施設って色々よ職員が介護してくれる施設
別途契約する施設とかね
別途契約？
そうなのよ一見 安く見える施設でも
介護費は別途かかるところもあるわよ
P122へ!!
施設ごとに介護の内容は違うから見学はかかせないのよ

1 安い施設と高い施設の違いは?

所得が低いと軽減される施設も

「**安い施設**」と「**高い施設**」……。あいまいな表現であることを承知のうえで、ざっくり図解してみると、左のようになります。ただし、間に交わる部分があるように、一概にはいえません。

左円の上から4つの施設は、**所得の低い親だと軽減制度**を利用できます。小規模多機能ホームは、もともと自宅に住まいながら利用する施設なのでリーズナブルです。一方、右円の施設は、原則、経済的にゆとりのある親も、ゆとりのない親も、同じタイプの部屋で同じサービスを利用すれば、**同額の支払い**となります。グループホームについては、一部の自治体では、所得による家賃助成を行っているので、左円に入るケースもあります。

もちろん、左円の施設にも、経済的にゆとりのある親も入居しています。ただし、軽減制度を利用できないので、軽減制度を利用している入居者と比べて「**同じ部屋・サービスなのに、2倍**近い料金!?」なんてことも(それでも、同程度のサービスの有料老人ホームよりも安いと思います)。

立地条件の良し悪しが影響する場合も

料金的に高い施設が、手厚い介護をしてくれるのでしょうか。もちろん、人員配置の加減も料金に影響します。入居者3人に対しスタッフ1人より、2人に対し1人の方が高めに。ただし、要因はそれだけでなく、**公費**が投入されていれば、手厚くても安い。**ラグジュアリーな施設や、駅に近い施設は、手厚くなくても高い**。

介護保険施設に関しては、居住費(家賃)も食事代もほぼ日本全国同一の料金ですが、特に、右円の施設は、料金の幅が広く、立地条件による差や設備による影響が大きいといえます。

安い施設？　高い施設？

★特別養護老人ホーム
★介護老人保健施設
★介護療養型医療施設
★ケアハウス
★小規模多機能ホーム

お金に余裕がない場合の選択肢

★有料老人ホーム
★サービス付き
高齢者向け住宅

★グループホーム

お金に余裕がある場合には
こちらも選択肢に

一部自治体では家賃補助があり、左円に入るケースも

POINT 余裕のない親にとって「安い施設」でも、余裕がある親にとっては「なぜ、同じ施設なのに料金2倍!?」というケースも

利用料金に影響する主な要因

料金低め		料金高め
☆公的施設	→	☆民間施設
☆地方	→	☆都心部
☆駅から遠い	→	☆駅近
☆リノベーション	→	☆新築
☆人員３：１	→	☆人員２：１
☆看護師日中のみ	→	☆看護師24時間
☆共用設備少ない	→	☆共用設備充実

しかし
高い施設が、
「サービス充実」
とは
限らない

2 国民年金受給の親でも入れる施設はある

狙うは特別養護老人ホーム（特養）

「うちの親は国民年金受給。施設はムリですね？」と聞かれることがあります。

国民年金だけを受給する場合、満額でも月額6万4941円（平成29年度）。確かに、この金額だけ見ると、施設入居は難しいと考えがちです。けれども、特養等の介護保険施設、そしてケアハウス（前ページ左円）については、所得によって自己負担分が軽減されます。

介護保険施設でかかる費用は、「居住費（家賃）」、「食費」、「施設サービス費の自己負担分」、「日常生活費（医療費、理美容代等）」です。

住民税非課税世帯の親であれば、**「居住費」「食費」が軽減**されます。さらに、施設サービス費用の部分は、「高額介護サービス費」（P030）の対象となり、支払いは上限額までとなります。巻末P157でシミュレーションしてみました。

このように、介護保険施設なら、**国民年金のみの親でも、選択肢の1つ**となります。特養は通常、入居には待機が必要ですが、地域を広げて探せば空いているところもあります。介護老人保健施設に一時的に入って、**特養が空くのを待機**している人もいます。

特養の入居要件は、原則、要介護3以上。しかし、「3」ではなかなか入居できないので、要介護4になったら申し込んでウェイティングをかける、というのが多いパターンです。

一方、要介護度にかかわらず、**小規模多機能ホーム**で**「通い」「宿泊」「訪問」を組み合わせたサービス**（巻末P156の「ケース3」）を利用し、**「できるところまで自宅」**も費用的には悪くない選択です。

4つの介護保険施設

4つの介護保険施設	施設の性格
特別養護老人ホーム（通称：特養）	つねに介護が必要で自宅では介護ができない人が対象。食事・入浴等日常生活の介護や健康管理を受けられる
介護老人保健施設（通称：老健）	病状が安定し、リハビリに重点をおいた介護が必要な人が対象。医学的な管理のもとで、在宅復帰を目指す。入居期間は3か月が目安。特別養護老人ホームの待機に利用するケースも多い
介護療養型医療施設（通称：療養型）	重度の要介護者に対し、充実した医療処置とリハビリを提供する施設。2023年度末廃止予定
介護医療院	日常的に長期療養のための医療ケアが必要な重度要介護者を受け入れる。2018年度創設、介護療養型医療施設の廃止に伴う受け皿に

POINT 介護保険施設は、住民税非課税世帯の親の場合、軽減制度を利用できる

3 「特養」希望なら親の預貯金を再チェック

低所得でも預貯金1000万円なら軽減不可

ルール3で、親の資産はどれくらいあるか確認しよう、と述べましたが、把握できているでしょうか。特別養護老人ホーム等の介護保険施設への入居を希望する場合、もう一度、しっかり確認してください。

なぜなら、介護保険施設では、住民税非課税世帯の親であっても、**預貯金等の金額が、次の基準額を超える場合には軽減対象外**となるからです。

◆負担軽減の対象外

・配偶者（世帯分離している場合、及び内縁関係にある場合も含む）が市区町村民税課税者の場合

・**配偶者がいる方：資産合計2000万円**

・**配偶者がいない方：資産合計1000万円**

預貯金の額は自己申請ですが、自治体には金融機関から聞き取る権限があり、不正給付が見つかれば不正のあった額を含めて最大3倍の金額の納付を求められます。今後は、**マイナンバー**により、より厳密になっていくでしょう。

資産要件になるのは左表の通りです。

社会保障費増大の陰でシビアな現実

資産要件によって軽減が受けられなくなっても、単身で1000万円、夫婦で2000万円を下回った時点で、改めて申請することで申請月の初日から軽減対象となります。

実は、この資産要件は、昔からあったものではなく、2015年に設けられました。当時、この制度変更により、「**親の特別養護老人ホームの月額費用が、一気に2倍ほどに跳ね上がった**」という悲鳴に近い声を多数聞きました。

なかには、「今まで、母の介護費用を私が負担

介護保険施設で資産要件になるもの

種類	対象か否か	添付書類
預貯金（普通・定期）	○	通帳の写し
有価証券（株式、国債、地方債、社債等）	○	証券会社や銀行の口座残高の写し
金・銀等、購入先の口座残高によって時価評価額が容易に把握できる貴金属	○	購入先の口座残高の写し
投資信託	○	銀行、信託銀行、証券会社等の口座残高の写し
現金（タンス預金等）	○	自己申告
負債（借入金・住宅ローン等）※預貯金から差し引いて計算します	○	借用証書等
生命保険	×	―――

してきました。父の残したお金が、母の預金口座にあったのですが、それを使うことは忍びなくて。でも、そのせいで、月額利用料が2倍ほどになりました。こんなことなら、**母のお金で支払うんだった**」と後悔する子もいました。

今後も、高齢者が増えていく日本で、国は介護保険制度の**サービス内容を縮小（つまり我々の負担増）**していく方向で舵を取っています。「親の介護には親のお金を使おう」という本書の趣旨も、理解していただけるのではないでしょうか。

2016年からは、居住費・食費の負担軽減措置の利用者負担段階の判定に、**非課税年金（遺族年金・障害年金）も含める**ことになりました。一時的に負担が増す医療費とは異なり、介護費は長期的にかかることが一般的です。生活に大きな影響を与えることになりかねません。制度が途中で変わって、厳しくなることも想定し、親の介護と関わっていきたいものです。「**突然、そんなことを言われても**」とならないよう、介護中は、介護関連の報道にも関心を持つことをお勧めします。

4 年金10万円以上なら要望をより明確に

介護目的で民間施設なら月15万円以上

親の収入が少ない場合は、P116で書いたように施設の選択肢が限られますが、月々10万円以上あると、「どの施設がよいのだろう」と迷いが生じるかも……。

民間施設の月額料金は**10万～40万円以上**と幅広くあります。しかし、**表面上の料金が安い民間施設は、オプションでさまざまな費用**がかかることも多いので注意が必要です。ざっくりですが、しっかりとした介護を、と望むなら、月額10万円の予算では、選択肢はP117の介護保険施設になると思います（介護保険施設にも個室はあり、予算が許せば、選択可）。**民間施設なら、少なくとも月15万円ほど**はかかると考えておきましょう。

料金だけで選ばない

身の回りのことはできるが、「1人にさせておくのは心配」と施設を探すケースもみられます。介護目的ではないなら、費用の幅は広いですが、より慎重な検討が必要です。

例えば、安全上等の理由で外出を制限する施設もあります。そんな施設に1人で外出できる親が入ると、「**自由を奪われた**」と感じるでしょう。軽度の認知症の症状があっても料理の好きな親なら、**上げ膳据え膳の施設**より、スタッフと一緒に炊事できるグループホームが向く場合も。医療依存度が高いなら、医療との連携を重視して。

料金だけで選ぶと、**居心地が悪く、閉じこもる**ことになりかねません。場合によっては、**在宅のまま、サービスを充実**させる方が親にとって自立的な暮らしになる可能性もあります。

施設選びで重視したいことは?

★個室?
★自由に散歩や買い物?
★1人で入れるうちは、毎日入浴?
★自炊?　食事提供?
★持ち込みたい家具は?
★レクリエーションはどの程度?　等

ほかには?
親子でよく話し合って

料金の高い施設が快適とは限らない

Aさんの父親

☆年金:月30万円
☆預貯金:5,000万円

(独居。身の回りのことはできる)

子供の考え → **父親は手厚い介護付き有料老人ホームに入居**

★施設の方が不自由がなくて安心だろう
★もしもに備え、手厚い介護付きの施設がいいだろう
★裕福なのだから、高い有料老人ホームでいいだろう

★散歩に行きたくても、許可が必要で、思ったときにスグに出かけられない
★自分で買い物や料理をする方が楽しかった
★要介護度の高い入居者が多く、友達ができない

5 24時間体制で介護してくれる施設とは

月額利用料に介護料は含まれる？

親の施設入居を検討している人のうち、「**24時間体制で介護してくれる施設**」を求めている割合は多いだろうと思います。24時間体制なら、施設のスタッフが、必要なときに、起床から就寝まで（夜間のトイレ等も）、サポートしてくれます。

左の表の、**介護保険施設**、**特定施設**、**グループホーム**は24時間体制です。特定施設とは、都道府県から指定を受けている「介護付き」施設です。グループホームは、地域に暮らす認知症の高齢者が、共同生活を送る小規模施設。

これらの施設は、月額利用料に介護費用が含まれています（ただし、どこまで含まれるかは、施設により異なります。介護保険施設以外は、**おむつ代や食事用エプロン代**は別建てが一般的）。

一方、24時間体制の介護が付いていない**住宅型施設**は、介護が必要なら、**別途契約**が必要で、**費用も別建て**となります。なかには、夜間、スタッフ不在となるところさえあり、要介護度が上がれば退去を要請されるケースもあります。

ただ、24時間体制の施設でも、医療依存度が高くなった場合や認知症が進んだ場合、受け入れを拒否されることもあります。**看取り**まで行われるかどうかも施設ごとに違います。「医学的に回復の見込みがない」と診断された場合、どのような対応がなされるか。長期入院できないケースが増えており、施設にも居られなくなったら……。

「その施設」はどのような介護をしてくれるのか。医療との連携は？　そして、どこまで月額利用料に含まれるのか、といった確認が不可欠です。目星を付けたら、必ず、見学をして**施設長やケアマネジャー**から話を聞きましょう。P128で紹介する「重要事項説明書」もとても参考になります。

代表的な高齢者施設の種類

施設の種類		月額利用料の目安
介護保険施設	特別養護老人ホーム	5万円～15万円
	介護老人保健施設	6万円～17万円
	介護療養型医療施設	6万円～17万円
	介護医療院	6万円～17万円
福祉施設	ケアハウス	8万円～20万円 +介護費
	ケアハウス（特定施設）	10万円～30万円
民間	介護付き有料老人ホーム （特定施設）	10万円～40万円
	住宅型有料老人ホーム	10万円～40万円 +介護費
	サービス付き 高齢者向け住宅	8万円～20万円 +介護費
	サービス付き 高齢者向け住宅 （特定施設）	12万円～25万円
地域密着 （施設と同じ地域に住民票のある高齢者対象）	グループホーム	12万円～18万円
	小規模多機能ホーム	例：要介護3 約25,000円 （食費、宿泊費別途）

POINT

表面上の料金が安い場合、
介護費が含まれていなかったり、
オプションが生じたりするケースも

6 施設紹介業者の利用は得？

紹介料0円でも得とは限らない

高齢者施設を探すために、情報を知りたいとインターネットで検索すると、一覧表になった便利なページにたどりつくことがあります。

その多くが、民間の**施設紹介業者**のホームページです。それを見て、施設に電話したつもりが、「ありゃりゃ」なんてことも。

紹介業者は、全国に相当数があります。ほとんどが、あなたが相談しても費用はかかりません。なぜなら、紹介業者は、成約した場合に**施設から成功報酬**を受け取るからです。

利用者に費用が生じないなら、「得？」という考え方もありますが、業者はボランティアではなく、商売をしているのです。空き室の多い施設の中には、**バックマージン**を高く支払うところもあると聞きます。となると、業者は、利用者の希望よりも、バックマージンの大きい施設を優先して紹介する可能性があるでしょう。

もちろん、すべての業者がそうだとはいいませんが、利用する場合は、「無料で紹介してくれるなんて親切！」と考えるのではなく、そういう背景も承知したうえで利用しましょう。付け加えると、不動産業を営むには免許が必要ですが、施設の紹介業者は、**何の資格も免許もなくても、明日から開業**できる業態だと理解しておくことは大切です（プロとは限らない）。

電話対応1つから分かる施設の雰囲気

紹介業者に施設を紹介してもらい、見学に同行してもらえると、確かに便利です。けれども、見学する際にも、業者視点のフィルターがかかることとなります。個人で施設にアポを取って見学に出かけると、電話対応1つにも、施設の個性を感

高齢者施設探しの情報源

★インターネット、チラシや広告、情報誌等

◆介護サービス情報公表システム（【介護 公表】で検索）

◆都道府県のサイトからも！

〈東京都の場合〉

「東京都福祉保健局」→「高齢者」→「高齢者施設」→「施設一覧」→
→「施設をお探しの方へ」
重要事項説明書も見られる！

★パンフレット等の資料

★民間の紹介センター

じることができます。見学する際の対応も、自身の目で確認することができます。

施設の情報源は、インターネットのほか、新聞のチラシや、情報誌もあります。また、行政のサイトから見ることもできます。例えば、東京都の場合、重要事項説明書（P128）もリンクされているので、一度のぞいてみてください。厚生労働省の「**介護サービス情報公表システム**」も見やすいです。

見学はランチタイムがお勧め

個別の見学は**昼食時間**がお勧めです。入居者が食堂に集まるので、その要介護度や年代、男女比等が分かります。スタッフが、どのように入居者の食事介助をしているかも見てとれます。入居者とスタッフの会話にも耳を傾けましょう。

筆者は、見学に行く場合、事前に予約して可能なら**昼食**も食べるようにしています。さらに、**理念**等を聞くために、「**施設長、ケアマネジャーとも話したい**」とアポを取るようにしています。

7 入居一時金ってナニ？

入居一時金＝前払い金

施設介護はお金がかかりそう……、と思う要因の1つに「**入居一時金**」の存在があるのではないでしょうか。

「入居一時金」とは、生涯、その施設に居住することを前提に、**想定居住期間**の家賃を入居時に一括して前払いする方法です。介護型の施設では、**入居時に20～40％が償却され、その後5～7年かけて償却**されるところが多いです。

しかし、すべての施設にあるわけではありません。特別養護老人ホーム等の介護保険施設にはありませんし、サービス付き高齢者向け住宅も、通常、前払いをしない月払い方式となっています（ただし、敷金として2か月分ほど必要なところも）。

一方、有料老人ホームや、グループホーム、ケアハウス等でも、「前払い」をしないで、すべてを月払いにする施設が増えてきました。「**一時金不要**」とうたっている施設です。また、「月払い方式」と「一時金方式」を選べる施設もあります。

とはいえ、「一時金がないなんて、得！」と飛びつかないでください。前払いの必要のない有料老人ホームでは、月々支払う費用は、高めの設定になっていることが一般的です。

もし、その施設が倒産したら？

では、「入居一時金」のある施設とない施設の損得は、どのように考えればいいのでしょう。前払いをするケースでは、**早く亡くなると損、長生きすると得**、といえるでしょう。想定居住期間を超えても、追加の支払いは発生しないためです。

が……、入居一時金を払って入居した途端に**倒産**、なんてことが起こらないとも限りません。

在宅時のサービス提供事業者の倒産は、それほ

「入居一時金」返還金の例

入居一時金300万円、初期償却率30%（90万円）、
償却期間60か月（5年間）の場合

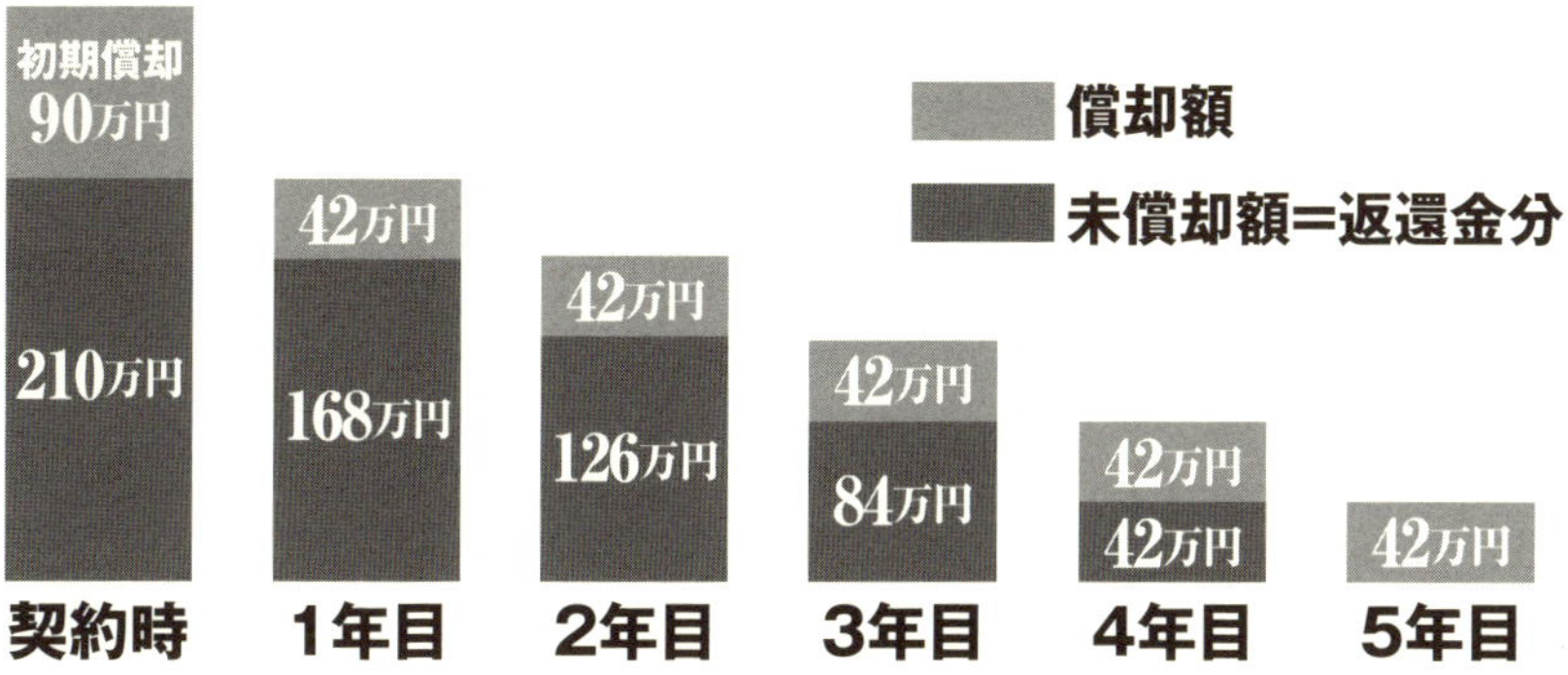

※償却は月単位なので、42万円÷12か月=3.5万円ずつ毎月償却されます

POINT 一時金とは家賃の「前払い」。初期償却率は20〜40%、償却期間は5〜7年ほどが一般的。支払う場合、保全されるか要確認

ど大きな影響はありませんが、入居している施設の倒産は、避けたいですね。しかも、こうしたリスクは、今後も高まる傾向にあると考えられます。

倒産に備えて、まだ住んでいない分の家賃の内５００万円を上限に保全される、「**入居金保全措置**」という制度があります。支払う場合は、制度の有無を必ず確認しましょう。

クーリングオフも確認

入居一時金を支払って入居したのに、親がその施設に馴染めなければ、という不安もありますね。**90日以内の契約解除**に伴う一時金の返還「**クーリングオフ**」が法制化されています。３か月以内の退去や死亡の場合、支払った入居一時金のほとんどが戻ってくるものです。

「入居金保全措置」にしろ、「クーリングオフ」の有無にしろ、次のページで説明する「重要事項説明書」に記載されています。よく分からない場合は、施設に説明を求めましょう。

8 重要事項説明書をもらって読もう

早い段階で入手しよう

施設を検討するとき、パンフレットは1つの資料となるでしょう。けれども、通常、パンフレットというものは、その施設がいかに素晴らしいところであるかが力説されているだけなので、ホームページと大差ありません。

資料として目を通すのであれば、**「重要事項説明書」**をもらってください。パンフレットと違い、入居者として知っておきたいことが客観的な文章や数字で説明されています。契約の際には読み上げられますが、契約時だと、不明点があっても、引き返しにくいと思います。

見学時など早い段階で入手することをお勧めします。「重要事項説明書をください」といえば大丈夫です。

お金のことはもちろん、入居率なども確認

「読んでも、素人に理解できる？」と質問を受けることがあります。本来、高齢者が読むものです。都道府県ごとや、施設の種類でも、様式は若干異なりますが、比較的、分かりやすく書かれています。**「入居一時金」**や**「クーリングオフ」**のこと、**「入居金保全措置」**のことも記載されています。もちろん、**「月額利用料に含まれるサービス」**や**「支払い方法」**等についても書かれています。

お金のこと以外でも、**「入居率」**や**「ここ1年に退去した入居者の人数や、その行き先」**等もチェック。「入居率」が低いと、経営が芳しくないことが読み取れます。有料老人ホームの損益分岐点は、**開設後2年で80%**程度といわれています。**スタッフの勤続年数**も見てみましょう。定着率が高い方が安心です。

重要事項説明書でチェック

不明点は直接確認を！

- ☑契約方式や支払い方法
- ☑入居一時金がある場合、償却期間や返還金、保全措置、クーリングオフの設定
- ☑入居者からの契約解除と施設からの契約解除のできる条件
- ☑退去の場合の原状回復費の考え方
- ☑月額費用の範囲で提供されるサービス、別途料金で提供されるサービス
- ☑入居率、入居者の要介護度、退去者の状況
- ☑提携医療機関と協力内容、看護師の勤務体制
- ☑介護に関わるスタッフ体制（資格や勤続年数、夜勤の体制）

等

重要事項説明書とはこんな感じ！

★「利用料金」欄の例（抜粋）

居住の権利形態【表示事項】		① 利用権方式 2 建物賃貸借方式 3 終身建物賃貸借方式	
利用料金の支払い方式【表示事項】		1 全額前払い方式	
		② 一部前払い・一部月払い方式	
		3 月払い方式	
		4 選択方式 ※該当する方式を全て選択	1 全額前払い方式 2 一部前払い・一部月払い方式 3 月払い方式
年齢に応じた金額設定		① あり　2 なし	
要介護状態に応じた金額設定		① あり　2 なし	
入院等による不在時における利用料金（月払い）の取扱い		1 減額なし ② 日割り計算で減額 3 不在期間が　日以上の場合に限り、日割り計算で減額	
利用料金の改定	条件	施設が所在する自治体の消費者物価指数や職員の人件費等を勘案し、2年に1回改定することがある。	
	手続き	運営懇談会の意見を聴く。	

出典：有料老人ホーム重要事項説明書記入例 - 千葉県

コラム 6

施設探しは親の地元か、子の地元か

親と同居・近居の場合は、その近隣で施設を探すことが一般的です。では、遠距離に暮らす場合、親の家の近くか子の家の近くか、どちらで探せばいいのでしょう。

正解はありませんが、どちらかといえば親の近隣で探すケースが多いといえます。親の地元だと、方言や食事の味付けも変わらず、馴染みやすいから。子供が会いに行ったときには「親を住み慣れた自宅に連れ帰ることができるから」と話す子もいます。

経済的に考えた場合も……、割安な特別養護老人ホーム等の介護保険施設は、都市部よりも地方の方が空いている傾向があります(必ずとはいえないので確認を)。さらに、全国どこでも申し込みはできるのですが、住民票のある人を優先するところもあります。それに、混んでいる場合も、保育園の入園と同様、ポイント制で必要度合いの高い人から入居が決まります。介護者が遠方にいると、ポイントは高くなります。つまり、子供の近くより、親の近くの方が入居しやすいということです。

また、一部の施設は、同じ地域に住民票のある高齢者のみを入居対象としています（グループホーム・小規模多機能ホーム・定員29名以下の特別養護老人ホーム)。子供の自宅近くで探す場合は、「一旦、住民票をお子さんの自宅に移してください」といわれるので、申し込みできるまで半年ほどかかるでしょう。

とはいえ、「頻繁に会いに行きたい」とか、施設入居後も、親の入退院が続きそうなケースでは、「その度に通うのは負担が大きいから」等の理由で、子供の近所で探すケースもみられます。

親の意向を聞きながら、よく考えて。

ルール7…トラブルに注意して、自分の暮らしを大切にする

★介護家計簿
★成年後見制度
★任意後見制度
★法定後見制度
★後見制度支援信託
★日常生活自立支援事業
★家族信託
★公正証書
★生活保護
★個人賠償責任保険
★介護補助金サービス、家事代行補助制度
★介護休業制度
★介護休業給付金
★住所地特例
★自費サービス
★有償ボランティア
★混合介護

町内の
みちさんが
老人ホームに
入ったのよ！
みち
施設の暮らしも
悪くないし
スタッフさんも
親切だそうよ
私も
もっと具合が悪く
なったら
入ろうと思う
お袋……
蓄えは300万円
しかないけど…

いざとなったらこの家を売ってくれたらいいよ
東京
お袋が老人ホームに入るのに家を売ってくれっていうんだけど
そんなことできるのかな？
これ見て！「成年後見」とか「信託」ってあるみたいよ
P138へ!!
特別養護老人ホームなら家を売らなくてもお義母さんの年金で大丈夫よ
P157へ!!
最終的にどうなるかわからないけど
こうしたことを知っておくことは大事だね

1 「介護家計簿」をつけてトラブル防止

きょうだいでのお金の争いを避ける

介護を行う期間が1、2年以内であれば、家族間でもめないかもしれません。一気に、その期間が過ぎていくでしょう。ところが、多くの場合、介護は短期決戦ではありません。5年6年……、10年、15年と長期化していくこともあります。

そして、親の心身の状態が悪くなったり、判断力が低下したりすると、親のお金の管理を子供が行わざるをえなくなるケースが多いです。管理、というほどでなくても、通帳からおろしたり、立て替えたり、ときには交通費をもらったりと、お金が動くことになります。

1人っ子であれば、問題は生じにくいですが、**きょうだいがいるとトラブルになりがち**なので注意しましょう。

こんな姉妹がいました。姉が要介護の母親と同居して介護。母親のお金の管理もしていました。その母親が死亡。妹はいいました。

「お母さんの残したお金、どうしてこんなに少ないの。お姉ちゃん、**隠してるんじゃない**」。

姉の怒りが爆発したことは、容易に想像できると思います。**きょうだいの縁切れ**になることもあります。

将来の相続も見据えて、書いて残す！

Ｐ０５８で述べたように、親の年金や預貯金がどのくらいあるか確認したら、その情報をきょうだい間で共有しましょう。そして、親に代わって入出金をしたり、立て替えたりしたら、「**書いて残す**」を徹底してください。仕事の経費と同じ考え方です。

領収書やレシートも残しましょう。そして、きょうだいも見られるように親の家に置いておく。

「介護家計簿」で証拠を残す

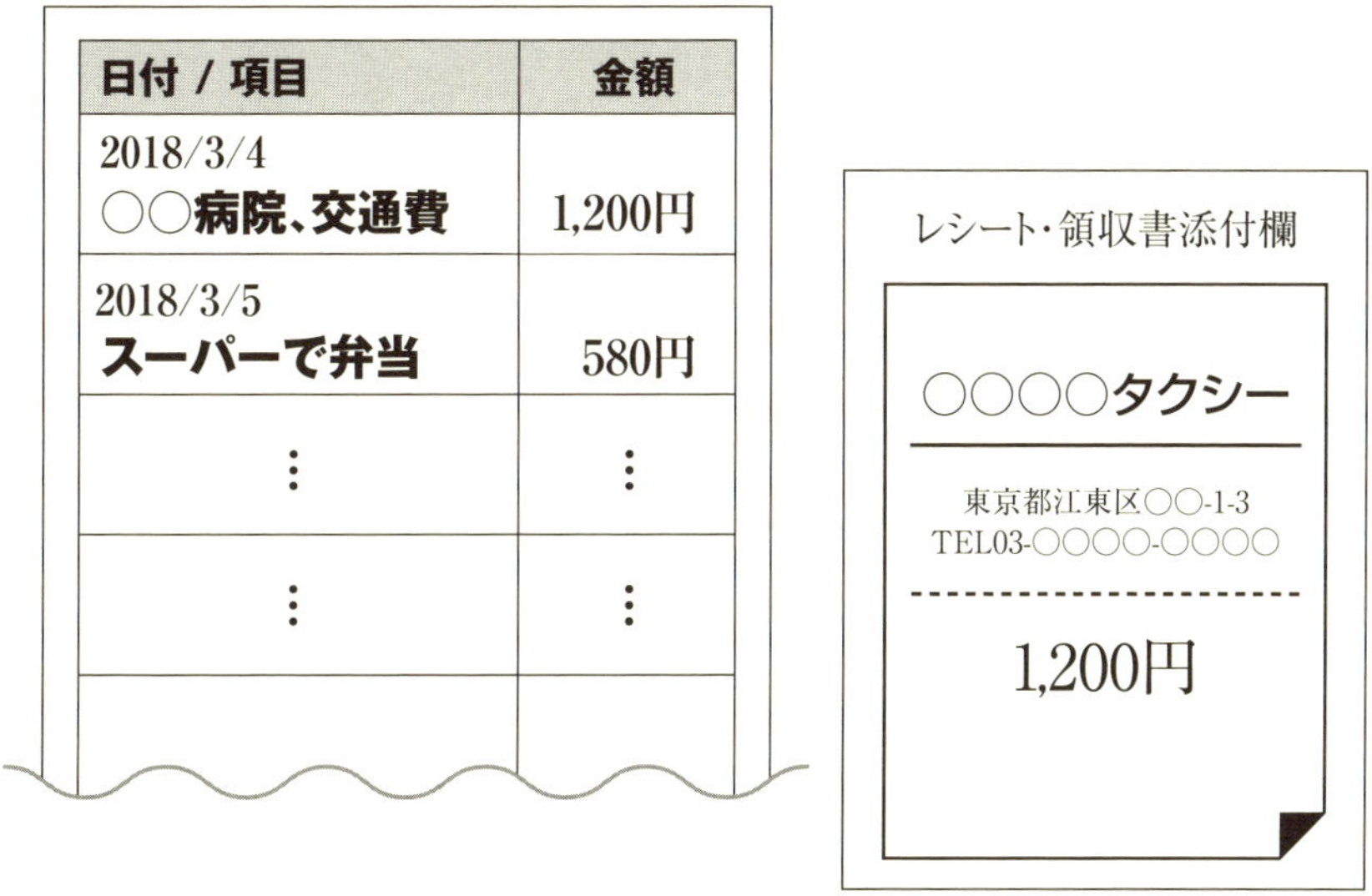

なかには疑い深い性格の親もいます。書いて残すことで、親から要らぬ疑いをかけられることも予防できます。

最近は、スマートフォンに便利なアプリもあります。**家計簿的なアプリ**を利用してきょうだいと共有しているという人もいました。レシートや領収書は、スマホで撮影して保存しておくそうです。

介護が始まったら、なるべく早い段階で、きょうだいに情報共有を提案することをお勧めします。具体的な話し合いをすることで、それぞれに介護に対して「当事者意識」が芽生えます。

残念ながら、提案をしても、「無視」するきょうだいもいます。そんなときも、自分だけでも「書いて残す」ようにしてください。介護の最中は見向きもしなかったのに、**親が亡くなった途端、登場する**きょうだいもいるからです。

特に、将来、相続になった時点で**清算したい立替金**があるなら、証拠として明細を残すことが欠かせません。

2 判断力の低下した親の金銭管理は?

成年後見制度とは

認知症等が進行し、親の判断力が低下すると、預貯金の入出金が難しくなったり、悪徳業者に狙われたり、心配なことが増えます。そうした事態から高齢者等を法律面や生活面で保護したり支援したりする制度に**成年後見制度**があります。今は元気だけれど、将来、判断力が不十分になったときに備えておくための**任意後見制度**と、すでに、判断力が不十分な人に代わって、法律行為をしたり、被害にあった契約を取り消したりする**法定後見制度**があります。

窓口は**家庭裁判所**です。申し立てを行うと、家庭裁判所が援助者を選びます。以前は、家族が援助者になることが多かったのですが、親族後見人による横領事件が多発し、最近は、司法書士や弁護士などの**専門職が任命**されるケースが増えています。親族が選ばれる場合も、不正を監視する**成年後見監督人**を付けることが多いようです。左のような**費用**がかかることになります（支払いは親本人の財産から）。親族が後見人になった場合も、申し立てをすれば家庭裁判所が報酬額を決め、本人の財産から支払われます。

役割は身上監護と財産管理

「後見人」の役割は、2つあります。まず、本人がその人らしい生活を送るため、生活・医療・介護・福祉に関わる契約等を援助する**身上監護**。もう1つは、本人の資産や収支状況を把握し、本人に代わって計画的に**財産管理**をすること。

後見人は家庭裁判所の監督のもと、定期的に報告書を提出する義務があります。身上監護を子供、財産管理は弁護士と役割分担しているケースもありました。また、親に1000万円以上の預貯金

専門職が後見人となった場合の報酬

◆成年後見人等への報酬（月額目安）

★通常…2万円

管理財産額が

★1,000万〜5,000万円の場合… 3万〜4万円
★5,000万円を超える場合… 5万〜6万円

◆成年後見監督人への報酬（月額目安）

管理財産額が

★5,000万円以下の場合… 1万〜2万円
★5,000万円を超える場合… 2万5,000〜3万円

出典：東京家庭裁判所

POINT 親族も家庭裁判所に申し立てをすれば、報酬の受領は可能

がある場合、「**後見制度支援信託**」利用の判断がなされるケースもあります（「信託」については次のページで）。

成年後見制度の申し立てから審判が出るまで、**2〜4か月**かかります。自分たちで申し立てすることもできます（通常、**実費1万円ほど**）が、弁護士等に依頼することも可能です。依頼すると、「**20万円＋実費**」程度が目安となります（実費は親のお金から出せますが、弁護士費用は子の負担となることが一般的）。

通帳等を預かる「日常生活自立支援事業」

成年後見制度を利用するほどでないけれども、お金のことが心配という場合、「**日常生活自立支援事業**」の利用も一案です。福祉サービスを利用する際等に、サポートし、通帳等を預かってくれるものです。窓口は社会福祉協議会（Ｐ０６８）です。この担当者は、「成年後見制度」にも詳しいので、いずれにしても相談に行ってみるといいでしょう。**社会福祉協議会での相談は無料**です。

3 「家族信託」って使える？

名義を子供に移しても贈与税はかからない

「**信託**」って、馴染みが薄いですね。しかし、「成年後見制度は、お金と手間が」と思う人もいるでしょう。それに、自宅の売却等は家庭裁判所が認めない場合もありますが、家族信託を利用することで、可能になるケースもあります。

まず、「信託」という言葉の理解から。

信託とは、**委託者**が信託契約などによって、信頼できる人（**受託者**）に対してお金や土地、建物等の財産を移転。受託者は委託者が設定した信託目的に従って**受益者**のためにその財産の管理・処分等を行う制度です。

信託銀行の商品を利用する場合は、左図の受託者がその信託銀行となります。一方、**家族信託では、受託者が家族**となります。

例えば、父親（80歳）が認知症と診断されたとします。父親は、「自宅での暮らしが難しくなったら、自宅を売却し、介護付きの有料老人ホームに入居させてほしい」と長男に伝えるとします。

これを聞いた長男は、困惑します。父親名義なのに、判断力がなくなった時点で売却できるのか？　実は、信託を利用することで可能になります。例えば、家族信託を利用すると父親の自宅は**長男名義**になり、必要なときに長男が処分できます。受託者（長男）の管理・処分により発生した利益は受益者（父）が受け取ります。委託者と受益者が同一人物の場合には、**贈与税等の課税はありません**。信託で名義を移した場合は特例があり、**不動産取得税もかかりません**。

ただし、固定資産税は名義人に課税されるルールなので、長男に課税されます。が、受益者である父親が固定資産税を負担するように信託の内容を定めることもできます。

一般社団法人家族信託普及協会
http://kazokushintaku.org/

家族信託の仕組み

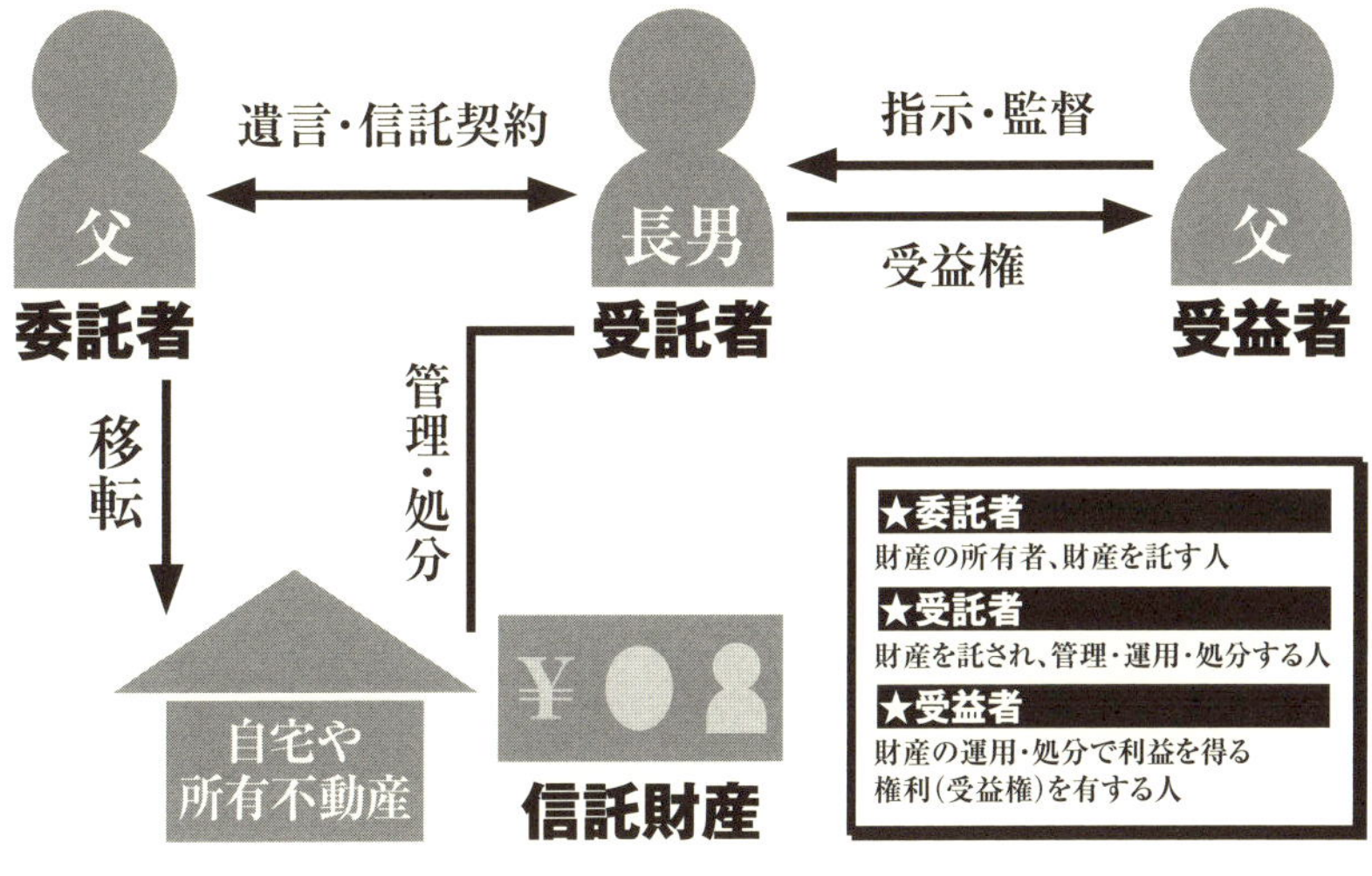

費用もかからず、手軽だが……

家族信託の手続きは委託者と受託者で内容を決定し契約書を作成すれば、信託契約は成立します。不動産の登記手続き等は必要ですが、契約そのものについては役所や裁判所での手続きは不要で、手軽だといえるでしょう。

とはいえ、**「手軽」なものには注意が必要です。**契約書に不備は？　また高齢の親やきょうだいに理解されるでしょうか。

多少お金はかかっても、公証役場で**公正証書**にすることをお勧めします。あるいは、費用はかかりますが**家族信託に詳しい弁護士や司法書士等に相談**するのも一案です。家族信託普及協会のホームページでは都道府県別に専門家を調べられます。また、土地・建物ではなく「お金」の信託なら、信託銀行を使ってもいいでしょう。

尚、Ｐ１３７で紹介した「**後見制度支援信託**」は銀行の商品です。信託財産の払い戻しなどには、家庭裁判所の指示書が必要となります。

4 生活保護はセーフティネットとなるか

福祉事務所に相談・申請

年金収入はごくわずかで、預貯金もない、という親に対して、どのように向き合えばいいのでしょう。

子供にゆとりがあれば経済的支援をするのは1つの方法ですが、実際、「自分たちには、自分たちの生活がある」とため息まじりに話す声をしばしば聞きます。子供自身が年金生活になると、支援は容易ではありません。晩婚化により、親が倒れる頃、子育て中で、教育費がかかっている最中ということもあります。

そんなときに利用を検討したいのが、「**生活保護**」です。生活に困窮する人に対し、その困窮の程度に応じて必要な保護を行い、**健康で文化的な最低限度の生活を保障**するとともに、自立を助長することを目的としています。相談・申請窓口は、福祉事務所の生活保護担当です。

資産価値のない家なら売却不要

子供が相談に行くと、担当者によっては「あなたは扶養義務者でしょ。あなたが支援をしてください」といわれるかもしれません。

確かに、子供には親に対して**扶養義務**があります。ただし、未成年の子に対して監護教育する義務とは異なり、「自分たちの生活を維持したうえで、かつ親の面倒をみるだけの**ゆとりがある場合**に生じるもの」とされています。自分たちの生活を犠牲にしてまで、親の経済的支援をすることは法的に求められていません。

申請すると、子供のところには「金銭的支援はできませんか」という問い合わせがきます。難しい場合は、難しいことを伝えましょう。

生活保護で受けられる主な扶助は、左表の通り

生活保護で受けられる主な扶助

生活を営むうえで生じる費用	扶助の種類
日常生活に必要な費用（食費・被服費・光熱費等）	**生活扶助**
アパート等の家賃	**住宅扶助**
医療サービスの費用	**医療扶助** ← 費用は直接医療機関へ支払い（本人負担なし）
介護サービスの費用	**介護扶助** ← 費用は直接介護事業者へ支払い（本人負担なし）
葬祭費用	**葬祭扶助**

POINT 親の生活保護申請に、「罪悪感」を抱く子供もいるが、負のスパイラルに入るよりずっと良い選択

で、**医療費や介護費の負担は大幅に軽減**されます。

実際、親の生活保護を申請したという子供に、これまで何人も会っています。親は、経済的に心配せずに医療・介護を受けておられます。生活保護を申請せず、お金がないからと医療や介護サービスを受けさせなかったり、自身が介護しようと仕事を辞めたりすると、**負のスパイラル**に陥ります。仕事を辞めて介護……、となれば、いつか子自身が生活保護の申請をしなければならなくなる可能性もあります。

「親は持ち家があるから、生活保護は無理」という声を聞くことがあります。確かに、申請に際して、売却してお金になるような家であれば売却を求められますが、**売れない家を売れとは言われません**。厚生労働省の通知に「当該世帯の居住の用に供される家屋：保有を認めること。ただし、処分価値が利用価値に比して著しく大きいと認められるものは、この限りでない」という一文があるので大丈夫。もちろん、**月々の年金がある親でも、**一定額以内なら受給可能です。

5 認知症に個人賠償責任保険は役立つか

親の起こした事故の賠償責任が子供に!?

ルール２で民間介護保険について述べましたが、近頃、認知症の人向けの**個人賠償責任保険**への関心が高まっています。

個人賠償責任保険とは、他人の物を壊したり、他人にケガをさせてしまったりして、法律上の損害賠償責任を負う場合に保険金が支払われる保険です。単独商品はほとんどなく、火災保険や自動車保険の特約として契約することが一般的です。被保険者の範囲は、生計を共にする同居の親族と、生計を共にする別居の未婚の子（仕送りを受けている学生など）。保険金の上限は1億円が中心で、年間保険料は**2000円程度**です。

この保険は、２００７年に、**認知症の男性（当時91歳）が徘徊して電車にはねられ死亡した事故の訴訟**から注目されるようになりました。ＪＲ東海は、事故による振替輸送費や人件費等を負担し損害を受けたとして、**男性の妻と遠方で暮らす長男**に対して７２０万円の損害賠償を求めました。一審、二審では、遺族に責任があるとされたものの、最高裁では「監督責任者が不在」と判断され賠償責任はなくなりました。ただし、これはあくまでこのケースに限っての話であり、親族が「監督責任者」と認定されれば、遠方に暮らしていても、賠償責任が発生する事態も想定できます。

この訴訟がきっかけとなり、一部の損害保険会社では、個人賠償責任保険の被保険者の範囲を広げました。重度の認知症等の場合に、その人の「法定監督義務者」「代理監督義務者（親族に限る）」「親権者」を被保険者に追加したのです。これで、この事故でいえば、遠方で暮らす長男も補償対象となるわけです。

個人賠償責任保険が対象となる事故例

1 自転車で通行人にケガをさせた

2 買い物中に商品を壊した

3 飼い犬が、散歩中に他人にケガをさせた

4 水漏れで階下の家財に損害を与えた

5 ベランダの植木鉢が落ちて、通行人にケガをさせた

POINT 認知症の親が……等の事故を保障する新しいタイプの保険も！

行動範囲の広い親は要チェック

この事故では、本人が死亡した以外、誰もケガをしておらず、物損もありませんでした。従来の個人賠償責任保険は、ケガや物の損壊を伴う損害賠償を補償するもので、列車が運行できなくなることによる損害は補償の対象外です。そこで、こうした損害にも対応する商品を販売する保険会社も出てきました。これまで補償されなかった**列車の運行不能損害**を対象に加えたのです。

すでに、あなたや親が、何らかの特約で個人賠償責任保険に加入している場合は、**被保険者の範囲や保障の内容**を確認しておきましょう。

高齢の親が自転車に乗る等、行動範囲が広い場合は、特に、要チェック。認知症の症状があるなら、なお更です。

新たに保険に加入するかどうかは考え方次第ですが、同居の場合はもちろん、遠くに暮らしていても、こうしたリスクが潜んでいることを覚えておく方がいいでしょう。

6 会社勤めの人は、お金をもらえるかも！

福利厚生で介護の補助金をゲット

多くの企業が福利厚生として、さまざまなサービスを提供しています。その1つに、「自己啓発」や「旅行」等と並んで、「介護」項目があるところが少なくありません。

「**介護補助金サービス**」や「**家事代行補助制度**」等と呼ばれるサービスがある企業も。おむつなどの**介護用品の購入費**助成や、割引サービスが並んでいることもあります。

例えば、親が介護保険サービスを利用した場合、**月に数万円まで支給**するところも。利用に際しての条件はありますが、知っているのと、知らないのとでは大違いです。また、遠距離介護の場合、交通費の一部を負担する企業もあります。

以前、福利厚生代行会社の社員が、「サービスの存在に気付かない人が多い。**知っている人は、毎月、申請**する。かといって、すべての社員が申請すると、続けられないが……」といっていました。勤務先の福利厚生サービスのメニューを確認しましょう。イントラネットになっており、「アクセスしたこともない」という人もいますが、それは**もったいない**です。福利厚生のほか、**共済会**などで支援を行う企業もあります。

筆者も企業の人事や労働組合等からの依頼で、仕事と介護の両立セミナーで講演をしたりしています。こうした社内の介護支援をうまく活用して、介護の情報を得たいものです。

介護休業給付金とは

一方、親に介護が必要になると、仕事を休まなければならないこともあるでしょう。さまざまな社会的サービスを利用するにしても、体制を整えるまで、家族で何とかしなければなりません。役

介護休業制度の主な内容（法定）

介護休業給付金
……賃金の67％（93日まで）が支給される

介護休業
……93日（3回を上限に分割可能）取得可能

介護休暇
……1年に家族1人につき年5日 2人以上10日（半日単位）取得可能

短時間勤務やフレックス
……介護休業とは別に3年間に2回以上取得可能（無制限）

残業
……介護終了まで免除が受けられる

所に行ったり、病院に行ったり……。

そんなとき、「有給休暇だけでは足りない」と途方に暮れるかもしれません。「仕事を辞めなければ……」と思い詰める人もいます。家族の介護を行う際に休暇を取れる制度があります。**介護休業制度**と呼ばれるもので、法律で定められています。家族1人につき、**通算93日**まで休むことができ、3回まで分轄して利用できます。別途、1年に**5日まで半日単位**で休める「**介護休暇**」もあります。**短時間勤務**等も利用できます。

大手企業等では、法律以上に充実させているところもあります。一方、就業規則に記載されていない場合も、法律が優先されるので取得は可能です。日々雇用等一部の労働者を除き、パートを含め、ほとんどの労働者が対象となります。

通常、介護休業中は、**無給**ですが「介護休業給付金」として、雇用保険から**賃金の67％**の給付を受けることができます（通算93日まで）。人事部等に相談しながら、有給とうまく使い分けたいものです。

7 介護を要する親の転居や移動にかかる費用は？

親か子に移動を伴う判断は慎重に

親に支援や介護が必要になると、それまで別々に暮らしていても「**同居しなければ**」と考えるケースは多いと思います。

もちろん、親も、自分たち子供、その家族も、みんなが「同居が最善」と考えるなら、それが良い方法なのでしょう。けれども、通常、どこかから反対意見がでてきます。

子供が親の家へ引っ越すとなると、子供の生活に大きな影響が生じます。**仕事や、これまでの暮らしをどうするか……**。一方、親が子供のところに引っ越すと、「**新たな環境に馴染めない**」という声をよく聞きます。**方言や食事の味付け……**。

移動するには、それまで暮らしていた住まいをどうするかという問題も生じます。

関西に暮らす父親を東京に呼び寄せたものの、父親は新たな生活に馴染めず関西に戻った、という人がいました。すでに実家は売却しており、父親は賃貸マンションを借りて暮らすことに。親の施設選びにも通じることですが、移動を伴う決断は、**経済的な負担**だけでなく、**肉体的**にも**精神的**にも大きな負担を生みやすいので慎重に検討しましょう。認知症が進行するケースも聞きます。

よく考えたうえで、介護を要する親の転居を決断した場合、左上のような介護保険の手続きを行うことで、スムーズに保険者が引き継がれサービスを継続利用できます。ただし、介護保険施設等に移るための転居では、「**住所地特例**」の手続きも必要です。施設入居のために住所が変わっても、保険者となる市区町村は以前のまま変わらないという特例措置です。施設をたくさん設置している自治体への負担が集中することを回避するために設けられています。

転居時には介護保険も手続きを

転出するとき

「**介護保険被保険者証**」を返還し、「**受給資格証明書**」を発行してもらう

転入したとき

前住所地で発行された「**受給資格証明書**」の提出により、前住所の要介護度が引き継がれる

寝たままで移動できるタクシーも

同居のため、あるいは病院や施設へ入るために、寝たきりの親を移動させる必要が生じることもあるでしょう。中長距離移動のための介護タクシーや、**ストレッチャー付きの車**での移動サービスの利用を検討しましょう。

介護保険は適用されないので、費用は全額自己負担です。業者によって費用の幅はあります。一例ですが、父親を、東京からストレッチャーにより寝たまま大阪まで移動をさせたという人は「**20万円近い金額だった**」といいます（同乗できる家族の人数は利用する車によって異なります。通常、家族が同乗しても、追加料金は発生しません）。

場合によっては、ヘルパーや看護師に付き添ってもらう必要もあり、当然、追加料金が発生します。医療保険を使わず、**全額自己負担で看護師**のサービスを利用するには、1時間当たり**8000～1万円**くらいの費用がかかります。

8 自費サービスをどこまで？

多様なサービスにも目を向けて

親に経済的なゆとりがあるかどうかはさまざまです。ゆとりのある親であっても、その暮らし振りは、とても堅実なものであったりもします。ただ、もし、本当に、親にお金があるなら、介護保険や自治体のサービス以外にも、いろいろな**自費サービス（全額自己負担）**に目を向けましょう。P110のコラムでも紹介したような非営利の**有償ボランティアのサービス**もあります。

現在の介護保険制度では、保険サービスと保険外サービスを**同時・一体的**に利用することはできません。保険サービスでできること・できないことのルールは厳しく定められています。例えば、母親が要介護で父親が自立の場合、母親の分のシーツ交換・洗濯や食事の用意をしてくれても、父親の分はNG。庭の草むしりや、犬の散歩もNG。

もし、**同時に2人分の家事をしてもらいたいとか、犬の散歩も頼みたいなら、自費サービス**となります。担当のケアマネジャーに相談してみましょう。ヘルパーではありませんが、**信頼できる「便利屋」**を見つけておき、庭掃除とか、衣替えとか、単発でお願いするという人もいました。

自費の訪問看護師だっている時代。「自費／看護師」とネット検索すれば、全額自己負担で看護師を派遣する会社がいくつもヒットします。親の家に来てもらい、親の通院・入院時等に付き添ってもらえれば、どんなに安心だろうと思います。

緊急時に通報できるシステム等も、自費なら、自治体が提供するものよりも多様な見守り体制を築け、安心感がアップするケースもあるでしょう。

極端ないい方をすれば、高額な介護付き有料老人ホームに入ったつもりで、**自宅を安心快適に**していくイメージ……。老人ホームなら月数十万支

さまざまなサービスを視野に入れて！

公的介護保険サービス

費用負担 … 利用限度額までなら1割負担（収入の多い親は2割、3割負担）※
窓口 … ★地域包括支援センター ★役所の介護保険課

※2018年8月より

自治体独自サービス

費用負担 … 無料や低価格、現物給付等
窓口 … ★地域包括支援センター ★役所の高齢者福祉課

非営利サービス

費用負担 … 全額自己負担だが、比較的低価格
窓口 … ★地域包括支援センター ★社会福祉協議会
★シルバー人材センター等

民間サービス

費用負担 … 全額自己負担
窓口 … ★民間事業者

急ぎの単発依頼では、地域に信頼できる「便利屋」があれば助かる、という声も。1時間2,500〜3,000円くらい

払うケースもあるわけで、自宅でも同じようにお金をかければ、家族の負担は随分違ってきます。

相続でもらうより生きたお金の使い方

実は、介護保険制度でも、自費サービス導入（**混合介護**）の議論がなされています。東京都豊島区は２０１８年度から国の国家戦略特区制度を利用し**「混合介護」のモデル事業**をスタート。利用者は、費用を加算して支払えば、ヘルパーに**「看護師」等の資格者を指名**できたり、**訪問の時間帯を柔軟に設定**できたりするようです。

多様なサービスの提供が介護職の処遇改善につながるとの意見がある一方、高齢者が理解できないまま、不当に高い料金を支払うことにつながらないか等、意見は分かれています。

制度への賛否は別として、資金計画を誤らず、サービスの内容を把握できるなら、自費サービス利用は悪くないと思います。親の介護のために親のお金を使うことは、**いつか相続でもらうよりも、ずっと生きたお金の使い方**だといえるでしょう。

9 「安いが一番」とこだわりすぎない

過労で倒れたら、元も子もない

親の介護で、さまざまなお金がかかることはこれまで書いてきた通りです。そのため、「安くしなきゃ」と思い詰める子もいますが、**安いほど良いというわけではない**と思います。前ページとも関連しますが、必要なところにはしっかりかけることも大事です。

例えば、遠距離介護では、どの交通機関を利用するかで費用は大幅に変わってきます。外国人の夫と結婚し、海外で暮らしつつ、日本の実家の母親のところに通っていた女性と会ったことがあります。乗り継ぎ便だと、航空運賃をかなり抑えられるそうですが、女性は高額な直行便を選ぶといっていました。疲れすぎると、日本に帰ってきても何もできないからと……。「**過労で倒れてしまったら、元も子もない**」という言葉に頷きました。

国内移動であっても、「高速バスだと安いけれど、疲れるから飛行機」という声をよく聞きます。無い袖は振れないものの、**倒れたら自分まで誰かにみてもらう必要**が生じます。経済的に苦しいのであれば、親本人や親族に交通費の負担をお願いしたり、それも難しいなら、通いの頻度を下げる等の方法を検討したりするしかないでしょう。

介護は「マネジメント」だと考える

「安く、安く」と思うと、サービスを使わず、家族だけで介護する、というところに行き着くこともあります。結果、介護をするために**子供の暮らしが犠牲**に……。特に、離職は一時的な感情で決断しないようにしたいものです。中途退職は、退職金、将来の年金額にも影響します。しかも、通常、自己都合退職では、**退職金が減額**されます。介護のための退職は、「自己都合退職」に当たる

介護はマネジメント！

1. 課題を探る
2. 公的介護保険を申請
3. 情報収集
4. 介護資金をプランニング
5. 介護体制を築く

POINT　入浴、トイレ、食事の介助だけが介護なのではなく、「マネジメント」も重要な介護！

のです。

パート勤務の人は、正社員として働く人と比べて、介護離職を選ぶことが多いですが、パートで年間１００万円稼ぐ人なら、10年だと１０００万円です。**自分自身の老後資金**として、それが有るか無いかで、安心感は大きく違ってくるでしょう。過度に介護を引き受けたり、経済的負担を抱えたりしないように気を付けたいものです。

子供だからといっても、体力的にも、経済的にも、そして時間的にも、**できることとできないこと**があります。介護をするために、親の元に生まれてきたわけではありません。

できないことには、手を出さず、代行してくれるサービスや制度を探しましょう。適切なサービスや制度を選ぶためには、情報収集、そして親の心身状態、経済状況の確認が不可欠です。

入浴、トイレ、食事の介助をするだけが介護なのではなく、本書の内容を１つずつ検証することも介護だと捉えてください。**賢くお金を使う**。いわば、**親の生活全般のマネジメント**です。

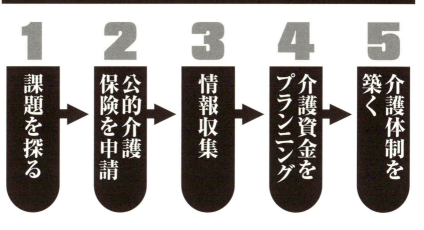

コラム7

悪徳業者のカモにならないために

親だけで暮らしている世帯は、悪徳業者の標的になりやすいといえるでしょう。久しぶりに帰省したら、「食べもしない健康食品が、段ボールのまま積まれていた」とか、「不要な工事が行われていた」という子の声をよく聞きます。

しかし、子にとって不要でも、親にとっては必要なものかもしれません。とはいえ、親の判断力が低下して起きたことなら、子として黙認できませんね。

やっかいなのは、悪徳業者とそうでない業者の線引きが難しいこと。有名百貨店が認知症の高齢者に月に50万円もの商品を売りつけ、裁判になったこともありました。「親が、外国債を購入していて驚いた」等の声もしばしば聞きます。金融業界でも、高齢者に対しては勧誘方法に気を付けるようガイドラインを設けていますが……。また、「実家の近隣の人が、認知症の母親を呉服店に連れていく」等という声を聞くこともあります。

購入方法や契約内容によっては、クーリングオフの対象となります。一定期間であれば無条件で、一方的に契約を解除できる制度です。対象とならなくても、他に打つ手があるかもしれないので、消費生活センターに相談しましょう。また、成年後見制度を利用していれば、契約行為を無効にできる場合もあります。

親世代の方に取材すると、「しまったと後悔することはある。しかし、子供に相談すれば、怒られるだろうから言わない」といいます。子としては、「悪徳な業者も多いから、何か困ったことが起きたらスグに連絡して」と日頃から話しておくことが大切でしょう。そして、親から相談されても、怒鳴ったり、バカにしたりしない。悪いのは、騙された親ではなく、騙す人ですから。

巻末資料① 事例で計算！「住民税」課税？ 非課税？

★公的年金を年間240万円受給しているXさんの父親（80歳）のケース
（3年前に妻を亡くし一人暮らし。年金以外の収入はなし）

240万円－B（0円）＝A（240万円）
A（240万円）－D（120万円）＝C（120万円）
C（120万円）－F（35万円）＝**E（85万円）……【住民税課税】**

★公的年金を年間240万円（遺族年金50万円含む）受給しているYさんの母親（80歳）のケース
（3年前に夫を亡くし一人暮らし。年金以外の収入はなし）

240万円－B（50万円）＝A（190万円）
A（190万円）－D（120万円）＝C（70万円）
C（70万円）－H（125万円）＝**G（－55万円）……【住民税非課税】**

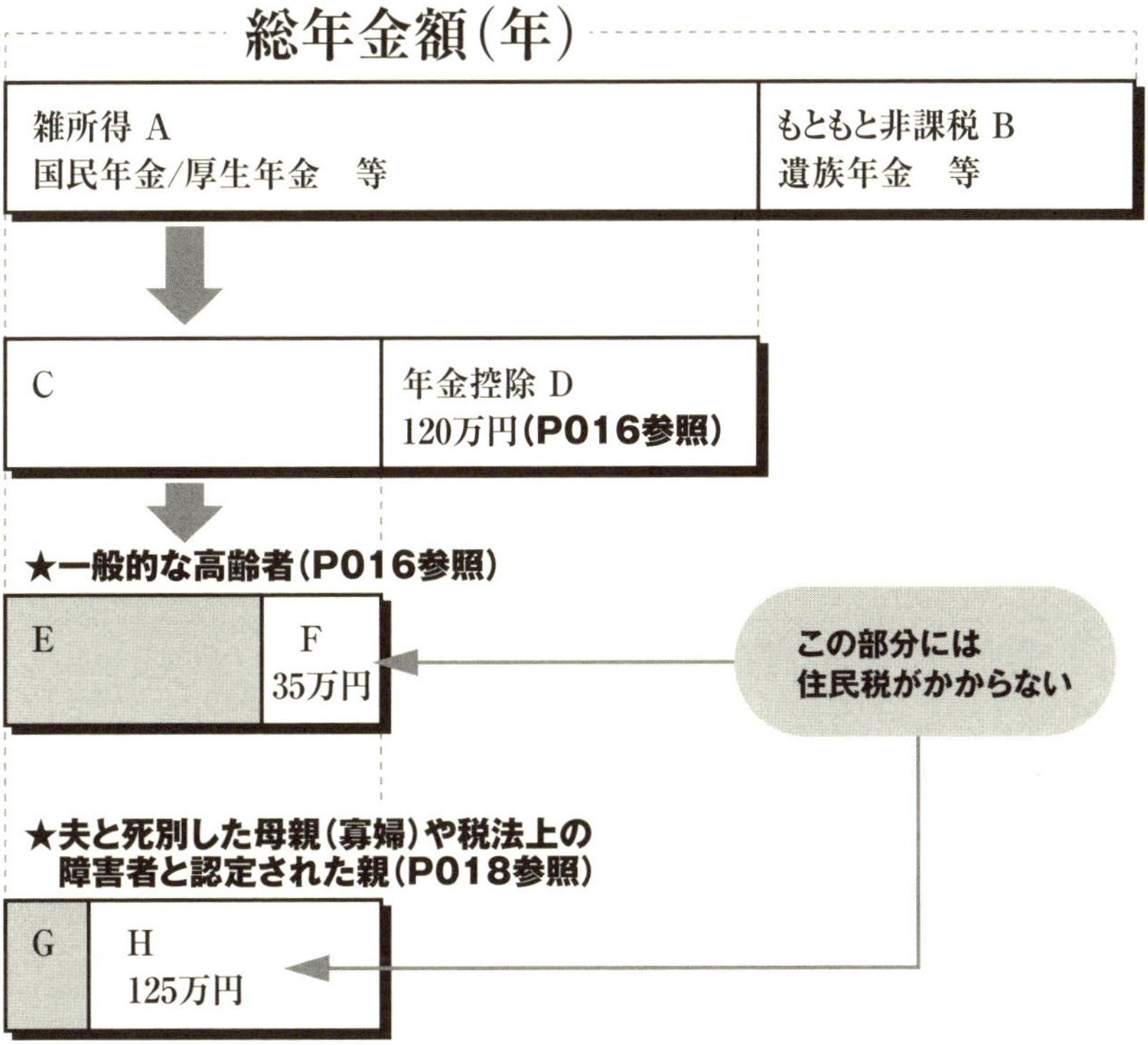

※E、G が0（ゼロ）もしくはマイナスとなった場合、「住民税非課税」
※世帯全員が住民税非課税のケースを「住民税非課税世帯」と呼び、ルール1で説明した通りさまざまな優遇措置を受けられる

在宅で受けられる主な介護保険のサービス

	サービス名	内容
訪問	**訪問介護**（ホームヘルプ）	ホームヘルパーが家庭を訪問し、入浴・トイレ・家事等の介護や日常生活のサポートを行う
	訪問入浴介護	要介護者等の自宅を巡回入浴車が訪問して、浴槽を提供し、入浴をサポートする
	訪問看護	訪問看護ステーションや病院・診療所の看護師や保健師が家庭を訪問し、看護を行う
	訪問リハビリテーション	理学療法士・作業療法士等の専門家が家庭を訪問し、必要なリハビリテーションを行う
	居宅療養管理指導	医師、歯科医師、薬剤師、歯科衛生士、管理栄養士等が家庭を訪問し、療養上の管理や指導を行う
通い	**通所介護**（デイサービス）	老人デイサービスセンター等（日帰り）で入浴や食事の提供、レクリエーション等を行う
	通所リハビリテーション	老人保健施設等（日帰り）で入浴や食事の提供、リハビリテーション等を行う
	短期入所生活介護（ショートステイ）	特別養護老人ホーム等（宿泊）で、日常生活の介護やリハビリテーションを行う
	短期入所療養介護（ショートステイ）	介護老人保健施設等（宿泊）で、医学管理のもとに、介護や、リハビリテーションを行う
その他	**福祉用具の貸与**	日常生活や介護に役立つ福祉用具（車いすや介護ベッド等）を貸与する
	福祉用具購入費	入浴・トイレの補助用具等、他人の使用後に再利用しにくい福祉用具の購入費を支給する
	住宅改修費の支給	手すりの取り付けや段差解消等、小規模な住宅改修費用を支給する
	小規模多機能型居宅介護	自宅に住まいながら、小規模多機能ホームでの「通い」「宿泊」「訪問」を組み合わせたサービスを提供

巻末資料③ ケアプラン例と介護保険サービスにかかる費用の目安ケーススタディ

ケース1

Aさん夫婦は共働き。近所で暮らす母親（1割負担。費用の軽減なし）は日常生活で介助が必要な場面が増えてきたので、介護保険を申請。要支援2となった。

利用するサービス

★訪問介護（ホームヘルプ）週1回
★通所介護（デイサービス）週2回

費用目安（月額）

★介護保険自己負担…4,800円
★介護保険対象外費用（デイサービスでの食費）…4,000円

★自己負担合計：8,800円

ケース2

Bさんはシングルで両親と同居。父親（1割負担。費用の軽減なし）は要介護3。介護を行う母親が共倒れしないようにサービスを利用。月に2回は、ショートステイで、父親は施設に宿泊する。

利用するサービス

★訪問介護（ホームヘルプ）週4回　★通所介護（デイサービス）週2回
★短期入所生活介護（ショートステイ）3泊4日を月に2回

費用目安（月額）

★介護保険自己負担…16,000円
★介護保険対象外費用
（デイサービス、ショートステイでの食費、宿泊費）…24,000円

★自己負担合計：40,000円

ケース3

Cさんの両親は故郷で二人暮らしをしていたが、昨年、父親が死亡。最近、母親（1割負担。費用の軽減なし）は体調悪化から、要介護2に。「この家を離れるつもりはない」とかたくな。そこで小規模多機能型ホームでのサービスを使うことにした。

利用するサービス

★小規模多機能型居宅介護
週2回通い
週1回訪問
月に4回 各1泊宿泊

在宅のまま、小規模多機能ホームでの「通い」「宿泊」「訪問」の各サービスを組み合わせて利用するもの。料金は要介護度ごとの定額制

費用目安（月額）

★介護保険自己負担…17,000円
★介護保険対象外費用（食費、宿泊費）…20,600円

★自己負担合計：37,600円

巻末資料④ 特別養護老人ホーム入居でかかる費用の目安（ユニット型個室）

非課税年金（遺族年金・障害年金）も含める

Ⅰ 住民税非課税世帯（年金収入80万円以下など）

	1割負担 ⇨	高額介護申請(月)	食費(月)	居住費(月)	合計金額(月)
要介護3	27,000	15,000	390×30	820×30	51,300
要介護4	29,100				
要介護5	31,200				

Ⅱ 住民税非課税世帯（上記Ⅰ以外）

	1割負担 ⇨	高額介護申請(月)	食費(月)	居住費(月)	合計金額(月)
要介護3	27,000	24,600	650×30	1,310×30	83,400
要介護4	29,100				
要介護5	31,200				

高額介護サービス費支給制度による払い戻しにより、1割負担の各金額が、Ⅰでは15000円、Ⅱでは24600円までの負担に

上記Ⅰ、Ⅱ以外（軽減なし）

	1割負担	高額介護申請(月)	食費(月)	居住費(月)	合計金額(月)
要介護3	27,000		1,380×30	1,970×30	127,500
要介護4	29,100				129,600
要介護5	31,200				131,700

単身で 1,000万円、夫婦で 2,000万円の蓄えがあると、非課税世帯の親であっても、費用は軽減されず、こちらの料金になる

※介護費用1割負担には各種加算を加味

生活保護受給の場合はさらに負担は軽くなります

図表の見方例

★国民年金のみ受給等で年金収入80万円以下/年の親であれば、要介護度にかかわらず月総額51, 300円（別途、日常生活に必要な娯楽、理美容代等は必要）。ここでは、個室を想定しましたが、相部屋であれば居住費は370円/1日なのでさらに安く。

★軽減のない要介護4の親なら、月総額129, 600円（別途、日常生活に必要な娯楽、理美容代等は必要）。相部屋であれば居住費は820円/1日になり、月総額は95, 100円に。

おわりに

最後までお読みいただき、ありがとうございました。

日本では、会社員をしていれば、税金の知識がなくても問題なく生きていくことができます。

にもかかわらず、高齢になった途端、「自己責任」で税金や社会保障と向き合わなければなりません。

「知らなかった」と言っても、通らないんです……。

しかも、多くは「自己申告」が必要。自ら動くことが求められます。

私は、初めてファイナンシャルプランナーの勉強をしたとき、知らないことばかりで、「これくらいのお金の知識、義務教育で教えておいてほしかった」と思ったことを覚えています。

あなたが分かっていないことは、親も分かっていない可能性大です。

損をしないように、親に代わって、情報収集をしませんか。介護とは、入浴やトイレ、食事の介助だけを言うのではありません。しっかり情報を集めて、予算を考えながらサービスを導入することも、介護だと捉えてください。

P150で書いたマネジメントですね。

私たちだって100歳まで生きなければならないかもしれませんし、いま、親の介護をマネジメントすることは、将来の自分のためにも役立つはずです。

もし、本書を読んで何らかの気づきがあれば、あとは役所に行ったり、申請をしたり、行動あるのみ。

もちろん、**親には応分の負担をしてもらって**。

今回、本書の執筆の機会をくださった集英社学芸編集部の垣内克彦さんに心から感謝します。また、難しくなりがちな「お金」というテーマを理解しやすくしてくださったマンガ家の了春刀さん、そしてデザイナーの東野裕隆さんに、この場を借りてお礼申し上げます。

2018年5月

太田差惠子

デザイン：東野裕隆
漫画：了春刀

親《おや》の介護《かいご》には親《おや》のお金《かね》を使《つか》おう！
――あなたを救《すく》う7つの新《しん》ルール――

2018年6月30日 第1刷発行

著　者　太田差惠子《おおたさえこ》
発行者　茨木政彦
発行所　株式会社 集英社
〒101-8050 東京都千代田区一ツ橋2-5-10
電話　編集部 03-3230-6141
読者係 03-3230-6080
販売部 03-3230-6393（書店専用）
印刷所　図書印刷株式会社
製本所　ナショナル製本協同組合

ISBN978-4-08-781655-6　C0095